Die Kraft der dunklen Zeichen

Ingala Straßer

& ....
(dein Name)

Die Kraft der dunklen Zeichen

Lies & schreib mit!

Ernst Klett Sprachen
Stuttgart

1. Auflage   1   5 4 3 2 1 | 2023 22 21 20 19

© 2019 Ernst Klett Sprachen GmbH, Rotebühlstraße 77, 70178 Stuttgart.
Alle Rechte vorbehalten.
Internetadresse: www.klett-sprachen.de

Redaktion: Benjamin Linhart
Konzept: Ingala Straßer
Layoutkonzeption: Greta Gröttrup
Titelbild und Illustrationen: Jürgen Blankenhagen, Sven Palmowski (S. 110)
Gestaltung und Satz: DOPPELPUNKT, Stuttgart
Umschlaggestaltung: Sabine Kaufmann
Druck und Bindung: Medienhaus Plump GmbH, Rheinbreitbach

Printed in Germany

ISBN 978-3-12-607031-7

Inhalt

Materialien

Liebe Leserin, lieber Leser,

oder besser: liebe Co-Autorin und lieber Co-Autor, denn du wirst in diesem Buch nicht nur Leser sein.

Selbst Autor sein

Im Grunde ist man, wenn man ein Buch liest, immer Co-Autor, denn als Leser schreibt man sozusagen immer an Büchern mit. Normalerweise tut man dies aber nur in den eigenen Gedanken, indem man die Texte im Kopf in ganz individuelle Bilder verwandelt. Im Vergleich zu Filmen und Computerspielen denkst du dir beim Lesen nämlich ganz automatisch viel mehr dazu, zum Beispiel, wie die Umgebung oder die Figuren aussehen.

Das Besondere an *diesem* Roman ist aber, dass du viele deiner Gedanken aufschreibst und eben nicht nur in deinem Kopf die Figuren zum Leben erweckst, sondern auch sichtbar auf dem Papier, und die Handlung sogar nach deinen Vorstellungen mitgestaltest. In dieser Hinsicht wiederum ähnelt das Buch vielen neueren Computerspielen, in denen du Einfluss auf die Entwicklung nehmen kannst.

Am Ende hast du dann einen ganz eigenen Roman mit deinen eigenen Gedanken als Ergebnis deiner Fantasie und Kreativität. Dabei kannst du dich in vielerlei Hinsicht austoben und entfalten: Als Autor, indem du einzelne Textstellen selbst verfasst, als Illustrator, indem du Zeichnungen zum Text anfertigst, und als aktiver Leser, indem du zwischen vorgegebenen inhaltlichen Möglichkeiten auswählst.

An den sprachlichen Fähigkeiten arbeiten

Zugegeben, manche Sätze in diesem Fantasyroman werden dir kompliziert vorkommen und einige Wörter wirst du vielleicht noch gar nicht kennen. Also weg damit? Bloß nicht! Es lohnt sich nämlich, mit dem Buch an deiner Ausdrucks- und Lesefähigkeit zu arbeiten. Warum? Weil Lesen und Schreiben unglaublich wichtig ist und die Arbeit mit dem Buch noch dazu richtig Spaß macht.

Vielleicht erscheint es dir nicht auf den ersten Blick einleuchtend, warum gerade du an Ausdrucksfähigkeit und Lesefähigkeit arbeiten sollst. Schließlich kannst du lesen und schreiben, sonst könntest du diesen Text ja auch nicht lesen! Die einfache Antwort: In der Schule werden dir diese Fähigkeiten helfen und später im Berufsleben werden sie dir von großem Nutzen sein und neue Wege eröffnen. Im täglichen Leben reicht die Alltagssprache aus, man braucht keinen großen Wortschatz und auch kein besonders gutes Gefühl für Grammatik und Satzstrukturen, um mit Freunden per Handy zu kommunizieren, einzukaufen oder den Eltern beim Abendessen vom Tag zu berichten.

In der Schule hingegen braucht man sie schon: Die Bildungssprache, auf die es hier ankommt, unterscheidet sich stark von der Alltagssprache. Nicht selten kommt es vor, dass Klassenarbeiten in den Sand gesetzt werden, weil man die Texte nicht richtig verstanden hat, oder das, was man sagen wollte, nicht richtig ausdrücken konnte. Da hilft es nichts, wenn man sich vorher perfekt auf die Inhalte der anstehenden Arbeit vorbereitet hat, wenn man die Texte der Aufgaben nicht versteht oder seine Antworten nicht in Worte fassen kann. Um dich genau dafür fit zu machen, ist dieses Buch da: Es vermittelt dir grundsätzliche Fähigkeiten, die du nicht nur im Fach Deutsch brauchst, um in der Schule erfolgreich zu sein. Du übst hauptsächlich, Texte grammatikalisch und in Bezug auf Ausdruck und Rechtschreibung korrekt zu formulieren und auch schwierige Texte inhaltlich verstehen zu können. Außerdem übst du Beschreibungen und Wortarten, was dir auch im Deutschunterricht sehr nützlich sein wird.

Anleitung zur Arbeit mit dem Buch

Vielleicht kennst du bereits einen anderen Band der Reihe *Lies & schreib mit!* z. B. *Die Macht des grünen Nebels*, dann kannst du sofort loslegen, denn die Aufgaben in diesem dritten Band sind sehr ähnlich. Aber auch so erklärt sich das meiste von selbst: Die Aufgaben stehen auf kleinen Zettelchen, die dir als Co-Autor des Buchs sozusagen als Überarbeitungshilfe an den Rand geklebt wurden. In den Aufgaben wirst du meist dazu aufgefordert, vorbereitendes Übungsmaterial, das sich hinten im Buch befindet, zu bearbeiten, um dann Aufgaben im Roman lösen zu können. Die Materialien sind nummeriert mit ➡ M als Abkürzung für „Material" und einer fortlaufenden Zahl, damit du die Materialien im Anhang schneller finden kannst. So sieht es dann aus:

➡ M2

Beim Lesen wirst du über Wörter stolpern, die du noch nicht kennst. Daher solltest du immer farbige Karteikarten bereitliegen haben, auf die du jeweils ein Wort schreibst, das dir neu ist. Auf die Rückseite schreibst du die Erklärung des Wortes, die du von Lernpartnern, deinem Lehrer oder aus einem Rechtschreibwörterbuch erhalten kannst. Was dann mit den Karteikarten passiert und wie du die Begriffe lernst, erfährst du später in ➡ M0b.

Jetzt wünsche ich dir, lieber Co-Autor, erst einmal viel Erfolg bei der Arbeit an deiner Sprache und viel Spaß und Kreativität bei der Arbeit an DEINEM Roman!
Deine Co-Autorin Ingala Straßer

Im Buch kommen einige Symbole vor:

Auf den Klebezetteln stehen Hinweise zu Aufgaben im Anhang und wie du den Text weiterschreiben sollst.

Bei diesen Aufgaben schreibst du die Geschichte selbst weiter.

Hier kannst du etwas zeichnen.

Hier arbeitet ihr als Partner / in Kleingruppen.

Hier findest du online eine Musterlösung zur Aufgabe.

Die Lösung gibt es unter: www.klett-sprachen.de/zeichen-loesungen

Hinweis 1: Um die Lesbarkeit zu erleichtern, wird auf die gleichzeitige Verwendung männlicher und weiblicher Sprachformen verzichtet. Sämtliche Personenbezeichnungen gelten gleichwohl für beiderlei Geschlecht.
Hinweis 2: Die Figuren, Handlungsorte und Firmennamen in der Geschichte sind fiktiv. Eine Ähnlichkeit zu real existierenden Personen und Gegebenheiten ist rein zufällig und nicht beabsichtigt.

Prolog

Ein tosendes Grollen erfüllte die Luft. Es roch nach verbrannter Erde und Schwefel. In fast unerreichbaren Höhen, in der Mitte der höchsten Ebene des Kalksteinbergs, brannte sich zischend ein Zeichen in den glatten, felsigen Untergrund des Berges. In Form eines Kreises verwandelte sich der Stein in glühende Lava. Um dieses Zentrum herum bildeten sich rot glimmend nacheinander dreizehn vom Kreis wegführende Linien in jeweils gleichem Abstand voneinander, die den Kreis in der Mitte jedoch nicht berührten. Es sah aus, als sei eine Sonne von riesigen flammenden Klauen in den Fels gekratzt worden.

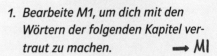

1. Bearbeite M1, um dich mit den Wörtern der folgenden Kapitel vertraut zu machen. ➞ M1

2. Lies den Romantext der Kapitel „Prolog" und Kapitel 1 zunächst ohne die „Klebezettel". Schreibe dir dabei alle Wörter, die du nicht kennst, auf je eine farbige Karteikarte. Schreibe die Bedeutung auf deren Rückseite. Ein Wörterbuch hilft dir bei der Suche nach der Bedeutung. ➞ M0b

3. Wenn du dir einen Überblick über die beiden Kapitel verschafft hast, beginnst du mit den darin enthaltenen Aufgaben auf den „Klebezetteln" in der vorgegebenen Reihenfolge.

Im selben Moment bauten sich in gleichem Abstand zueinander dreizehn riesige, aufrecht stehende Steinblöcke am äußeren Rand der Felsebene auf, als wollten sie das Zeichen in ihrer Mitte vor der Leere und Finsternis schützen, die sich hinter der Felsebene erstreckte.

Die glühenden Furchen im Stein kühlten sich ab. Das Glühen verblasste, wurde zunächst grau. Zurück blieb ein dunkles Zeichen …

In einiger Entfernung zum Kalksteinberg tobte ein Kampf. Die Finsternis, die auch der riesige Mond nicht vertreiben konnte, wurde durch grelle Blitze zerschnitten. Über dem Boden lag eine Wolke aufgewirbelten Staubs.

4. Um hier abwechslungsreiche Verben der Bewegung einsetzen zu können, bearbeite zuerst M2a und b.

5. Setze nun passende Verben aus M2 ein. Verwende als Zeitform das Präteritum. ➡ M2

Grüne, meterlange Pflanzentriebe .... aus der Erde hervor wie armdicke Tentakeln. Wo sie empor .... , zerrissen sie den Boden, sodass Steine und Erdbrocken durch die Luft .... Die Ranken griffen und schlugen nach etwas, das am Himmel schwebte: hell strahlend, majestätisch, mächtig und groß.

10 Wild .... sie durch die Luft. Erreichten sie ihr leuchtendes Ziel am Himmel nicht, zogen sie sich zurück, um gleich darauf wieder ihre klebrigen Arme danach auszustrecken. Mit enormer Geschwindigkeit .... die Ranken wieder nach oben.

Riesige, gewölbte Blätter wuchsen an den durch die Luft peitschenden Pflanzen. An den Rändern der Blätter ragten messerscharfe, lange Dornen in den Nachthimmel und im Inneren kochte Nebel aus funkelndem Grün und Lila, der unaufhörlich wie Feuerbälle von unzähligen Geschützen auf das helle Leuchten am 20 Himmel geschossen wurde. Doch eine schimmernde Hülle schützte das am Himmel strahlende Leuchten in seinem Inneren. Es hielt die Geschosse ab wie ein Panzer.

6. Zeichne ein ganz genaues Bild
   zum Kampf auf der staubigen Erde.
   M3 hilft dir dabei, alle dazu not-
   wendigen Informationen im Text
   zu sammeln. → M3

7. Überprüfe deine Zeichnung mit Hilfe
   der Checkliste in M4 → M4

8. Korrigiere dein Bild.

Mit einem Mal jedoch traf einer dieser vom Boden aus abgeschossenen, glühenden Bälle das schützende Kraftfeld mit einer solchen Wucht, dass es an dieser Stelle dünn und durchsichtig wurde. Die Hülle drohte zu zerreißen. Erbarmungslos folgten weitere Geschosse.

Als ein erneuter, glühender Ball die Schwachstelle traf, konnte die Schutzschicht den Schüssen nicht mehr standhalten. Mit ohrenbetäubendem Lärm zerriss die Hülle. Helle Funken flogen nach allen Seiten wie bei einer riesigen Explosion.

Das Leuchten verblasste, als es von einem der weiterhin wütend heranrasenden Geschosse getroffen wurde. Noch bevor es wieder aufflammen konnte, wurde es bereits von der nächsten Kugel getroffen und zurückgeschleudert. Es taumelte in die Höhen des Himmels. Zunächst verharrte es dort, als müsse es sich Mut machen für einen weiteren Angriff. Doch dann bewegte es sich wieder.

Während es sich dem Boden näherte, schoss es Blitze auf die gefährlich nahen, tentakelähnlichen Ranken. Wo die Blitze auf die Gegner trafen, verkohlten diese und sanken in sich zusammen. Wo sie auf Felsen trafen, schmolz der Stein und rann zu Boden. Zurück blieben gespenstische Formen, wenn sich die brodelnde Masse abkühlte und erstarrte.

Doch es schien, als würden umso mehr neue Pflanzentriebe aus dem Boden schießen, je mehr alte getroffen worden waren, während das helle Leuchten am Himmel hingegen schwächer wurde, je öfter die grün-und lilafarbenen Geschosse es trafen. Der Kampf geriet mehr und mehr aus dem Gleichgewicht.

Das schwebende Licht zog sich zurück. Es entfernte sich weiter und weiter vom Boden, um oben in der Luft neue Kraft zu sammeln. Es dauerte lange und es schien, als halte die ganze Umgebung den Atem an. Doch dann, nach und nach, wurde der weiße Schein am Himmel wieder heller und heller, wurde größer, näherte sich dem Boden.

Vor sich her schob er eine riesige, gewölbte Wand aus purer Energie, die weiß leuchtete. Wie aus dem Nichts feuerte er das Kraftfeld vor ihm ab, das daraufhin auf die Ranken zuschoss und dabei aussah wie ein Meteorit, der in die Erdatmosphäre eintrat.

9. Hier beginnt deine erste Schreibaufgabe! Stell dir genau vor, was mit den Pflanzen beim Aufprall des Kraftfelds geschieht und von welchen Geräuschen der Aufprall begleitet wird. Das sollst du gleich ganz genau beschreiben. Bearbeite zuvor die Aufgaben in M5.

10. Schreibe nun deinen korrigierten Text auf S. 15 auf die Linien. ➡ M5 ✏

Als die Wand aus Energie den Boden traf …

Dann war plötzlich Ruhe, gespenstische Ruhe. Nichts regte sich mehr, keine Geräusche waren hörbar. Wo eben noch die Ranken aus dem Boden geschossen waren, war nur noch ein tiefer Krater zu sehen, als hätte eine riesige Faust von oben auf den staubigen Boden geschlagen. Am Rand des Kraters hatten sich von der Wucht des Aufpralls die Steine nach oben geschoben und türmten sich dort meterhoch auf. Über dem Krater schwebte nun regungslos das helle Licht.

Gespenstische Stille. Doch dann war mit einem Mal ein Zischen zu hören, als werde glühendes Metall in eiskaltes Wasser geworfen. Ein weiteres Zeichen brannte sich langsam in den Fels in der Mitte des Kraters ein und versiegelte den Boden.

Daraufhin verwandelte sich das helle Licht, das noch immer schwebend über dem Krater hing, lautlos in einen weißen Dunst, der als Wolke weiter über die Ebene schwebte und dort Gestalt an-nahm. Die Wolke verdichtete sich zu gewaltigen Steinen, die sich aufeinandertürmten und eine Mauer bildeten. Mehr und mehr Steine kamen hinzu. Sie fügten sich zusammen, als seien sie nie ge-trennt gewesen. Nur in der Mitte der Mauer blieb ein Durchgang frei. Dies war ein riesiges, steinernes Tor …

Kapitel 1

1. Sammle mögliche Kapitelüberschriften. Vergleiche wenn möglich
   mit einem Lernpartner.
2. Wähle die jeweils passendste
   Überschrift aus und trage sie als
   Kapitelüberschrift ein.

Dunkelheit. Dann grelle Blitze, die ihn blendeten. Von überall her tönte die tiefe Stimme mit dem immer gleichen Befehl: „Bring mir das schwarze Blut deiner Erde!" Die Stimme klang durch seinen Körper, dröhnte in seinem Kopf. Er sah sich selbst, kniend vor einem in den Stein gehauenen Zeichen. In eine der Rillen des Zeichens ergoss sich eine schwarze, glänzende, zäh-flüssige Masse, die zielstrebig die Vertiefung füllte. Dabei hämmerte noch immer die laute Stimme auf ihn ein, die Blitze, das Grollen, das ihm fast den Verstand raubte …

Dennis presste sich hilflos seine Hände auf die Ohren. Er wälzte sich auf seinem blauen Kopfkissen hin und her, kniff die Augen zu-sammen, um nichts mehr sehen zu müssen. Er wachte auf.

Für einen Moment hielt der Traum ihn noch gefangen. War er wieder in die Welt jenseits des steinernen Tors geraten? In die Welt, aus der er vor etwa einem Jahr geflohen war? Panisch schaute er sich um und tastete an der Wand nach seiner runden Leselampe. Nachdem er das Licht angeschaltet hatte, beruhigte er sich etwas.

Er war in seinem Zimmer. Sein Kleiderschrank, der offen stand, sein Bett, seine Kopfhörer auf dem Fußboden … Alles war genau so, wie es sein sollte. Trotzdem lastete etwas auf ihm und lag wie ein Schatten über allem, was er sah. Etwas Unwirkliches, das die Träu-me hereingebracht hatten in die normale Welt seines Zuhauses. Etwas, das nie mehr ganz verschwand, seitdem er Nacht für Nacht immer den gleichen Traum hatte. Viele Nächte schon – immer der gleiche Traum. Immer die dunkle Ahnung, die ihn verfolgte.

Ein Jahr musste es etwa her sein, dass Dennis und sein Freund Tobias aus der dunklen Welt jenseits des steinernen Tors entkommen waren. Niemand, nicht einmal seine Mutter und sein Vater, hatten ihm damals nach seiner Rückkehr seine Geschichte geglaubt.

Er hatte vom magischen Tor berichtet, das damals im Wald gestanden hatte, durch das er auf eine rätselhafte Art in eine dunkle Welt geraten war. „Wahnvorstellung" hatten die Ärzte es nach seiner Rückkehr genannt und „Realitätsverlust". Aber die Welt hinter dem Tor war echt. Echt und bedrohlich. Aus dieser Welt hatte es kaum ein Entkommen gegeben. Doch Tobias und er hatten nicht aufgegeben, sie hatten gekämpft. Schließlich, als sie es schon nicht mehr für möglich gehalten hatten, hatten sie entkommen können.

Seitdem hatte ihn ein düsteres Gefühl tief in seinem Inneren nie ganz losgelassen. Er hatte es aber immer einigermaßen erfolgreich unterdrücken können, nie hatte es so eine große Macht über ihn haben können wie jetzt. Nun fühlte es sich an, als hätten die dunklen Träume das Gefühl aufgeweckt, als habe es lange Zeit tief in ihm verborgen geruht, als hätte es nur darauf gewartet, aus den Tiefen hervorzubrechen. Und nun war es da: schwer und erdrückend wie eine Last, die Dennis nun immer mit sich herumtragen musste, wohin er auch ging. Seitdem ihn die Träume plagten, war das Gefühl zu seinem ständigen Begleiter geworden.

Er wollte seiner Mutter davon berichten, seinem Vater, doch er traute sich nicht. Sie würden ihm wieder nicht glauben. Klar – seine Geschichte musste sich verrückt anhören für jemanden, der nicht das erlebt hatte, was er erlebt hatte.

Außerdem durfte er keine alten Wunden bei seinen Eltern aufreißen. Niemals! Die Panik, die Dennis bei seiner Rückkehr in den Augen seiner Mutter gesehen hatte, war so unbeschreiblich tief gewesen. Das durfte er ihnen nicht mehr antun.

Tobias konnte er auch nicht um Rat bitten. Sein Freund wohnte mittlerweile in einer anderen Stadt, seine Eltern waren mit ihm umgezogen. Das Dorf war damals wochenlang von Journalisten belagert worden und wilde Theorien hatten sich um das Verschwinden der Jungen gerankt. Tobias hatte das nicht mehr ausgehalten.

Die beiden Freunde waren zwar in Kontakt geblieben. Oft zog sich Dennis an sein Notebook, das auf seinem Schreibtisch stand, zurück, um ungestört mit Tobias zu skypen. Aber er durfte ihn nicht noch zusätzlich mit seinen eigenen Ängsten belasten. Ihm konnte er sich also genauso wenig anvertrauen wie seinen Eltern. Dennis blieb allein mit dem dunklen Gefühl, das auf seiner Seele lastete.

Und obwohl sein Kopf ihm sagte, dass er die Träume einfach ignorieren sollte, konnte Dennis nicht anders, als ständig darüber nachzudenken, was mit dem schwarzen Blut der Erde gemeint war.

3. In der ersten Schreibaufgabe hast du ganz praktisch Schritt für Schritt kennengelernt, wie du als Co-Autor Texte verfasst. Die einzelnen Schritte werden in den folgenden Schreibaufgaben nicht mehr alle wiederholt. Damit du trotzdem keinen der Schritte vergisst, lies nun M0a, denn dort ist der gesamte Ablauf noch einmal erklärt. ➙ M0a

4. Bearbeite die Vorübung in M6. ➙ M6

5. Was könnte mit dem „schwarzen Blut der Erde" gemeint sein? Vervollständige Dennis' Ideen zunächst auf dem Konzeptpapier und gehe dann die weiteren Schritte durch.

Tipp: Berücksichtige den vorgegebenen Satzanfang und die Kommaregeln aus M6.

Ihm kam die Idee, dass es vielleicht entweder …

Dennis versuchte das alles zu verdrängen. Es war noch mitten in der Nacht. Um auf andere Gedanken zu kommen, setzte er sich auf den schwarzen Sitzsack in der Ecke seines Zimmers, nahm sich ein Buch aus dem danebenstehenden Regal und las. Dabei konnte er sonst immer abschalten, in andere Gedankenwelten eintauchen – doch nicht heute. Schaute er auf sein Buch, dann schob sich vor sein inneres Auge ein Bild, das er nicht loswurde:

Er sah sich selbst von schräg hinten. Sein Gesicht konnte er nicht erkennen, aber er wusste, dass er es war, der dort auf dem felsigen Boden kniete. Direkt vor ihm war ein Zeichen in den Stein gehauen. In der Mitte war ein Kreis, etwa so groß wie seine Handfläche. Vom Kreis führten dreizehn etwa fingerlange Striche in alle Richtungen weg, ohne sich zu überkreuzen. Und in einer der Rillen das schwarze Blut der Erde, das sich immer weiter ausbreitete …

Es war ein beeindruckendes und zugleich angsteinflößendes Bild. Der riesige und weiß strahlende Mond spendete Licht in der sonst fast trüben Dunkelheit. Nur am Horizont zeigten sich silbergraue Streifen, als würde bald der Morgen dämmern. Am Rand der Ebene, auf der er kniete, waren dreizehn große, ovale, aufrecht stehende Steine zu sehen, die den Jungen vor dem Nichts bewahrten. Hinter den Steinen war einfach nichts. Der felsige Boden hörte plötzlich auf. Dahinter gab es nur Leere und Dunkelheit, die von einzelnen Blitzen durchzuckt wurde, und den Mond.

Dennis kniff die Augen zusammen so fest er konnte, doch das Bild verschwand nicht. Und da wusste Dennis es plötzlich. Sein Atem stockte, es fühlte sich an, als wehte ein eiskalter Wind über seine Haut. Er wusste: er würde den Auftrag aus seinen Träumen ausführen müssen, sonst würden ihn die Bilder und Träume in den Wahnsinn treiben. Es war ihm klar, was er zu tun hatte: Er würde das schwarze Blut der Erde in die dunkle Welt bringen müssen, auch wenn ihm nicht einmal klar war, was das war oder wo er das Tor zur dunklen Welt wiederfinden könnte. Seit seiner Flucht war das Tor im Wald verschwunden. Aber sicherlich nicht für immer …

6. Zeichne das Bild, das Dennis nicht loswerden kann. Dafür musst du den Prolog und Kapitel 1 noch einmal genau lesen. M3 hilft dir dabei. ➔ M3

7. Überprüfe deine Zeichnung mit Hilfe der Checkliste in M7. ➔ M7

8. Verbessere deine Zeichnung.

9. Arbeite mit deiner Übungskartei. ➔ M0b

Kapitel 2

Dennis saß im Unterricht. Erdkunde. Er hoffte, dass ihn seine Lehrerin nicht aufrufen würde. Er hatte nicht geschlafen, konnte an nichts anderes denken als an seine Träume. Sein Kinn hatte er auf die Handflächen gestützt. Er kritzelte dunkle Figuren in sein Heft und hörte nur mit halbem Ohr zu, manchmal nicht einmal das.

Eine Frage wurde gestellt, der Blick der Lehrerin blieb an Dennis hängen. Er merkte, wie es in seinem Bauch kribbelte. Aufgerufen zu werden und nicht zu wissen, worum es eigentlich ging, fühlte sich ätzend an. Doch da meldete sich zum Glück das Mädchen, das neben ihm saß, deren Namen er sich noch

1. Bearbeite M8, um dich mit den Wörtern der folgenden Kapitel vertraut zu machen. ➞ M8

2. Lies zuerst die Kapitel 2 und Kapitel 3 und schreibe dir dabei alle Wörter, die du nicht kennst, auf je eine farbige Karteikarte. Schreibe die Bedeutung auf deren Rückseite. ➞ M06

3. Wenn du dir einen Überblick über die beiden Kapitel verschafft hast, sammle mögliche Kapitelüberschriften. Vergleiche wenn möglich mit einem Lernpartner.

4. Wähle die jeweils passendste Überschrift aus und trage sie als Kapitelüberschrift ein.

5. Bearbeite die Aufgaben in der vorgegebenen Reihenfolge.

immer nicht merken konnte noch wollte, und gab eine Antwort auf die Frage der Lehrerin. „Ohne diesen wertvollen Rohstoff wäre die moderne Industriegesellschaft gar nicht denkbar!", sagte sie mit ihrer Stimme, die immer rechthaberisch klang, egal was sie sagte. „Schön für die Industriegesellschaft", dachte Dennis und schaltete wieder ab.

Ein paar Worte drangen aber doch in sein Bewusstsein vor: „totes, organisches Material". Und dann ging es noch um Verwesung und Faulschlamm. Komische Worte für den Erdkundeunterricht. Zumindest weckten sie kurz Dennis' Aufmerksamkeit. Er schaute ans Smartboard, um zu sehen, worum es in der Stunde überhaupt ging.

Die Überschrift lautete „Die Verwandlung". Zu sehen war ein Bild von einem Meer, in dem Algen und Plankton schwammen. Daneben war ein zweites Bild, das Erdschichten zeigte. „Da der Sauerstoff fehlt, kann also das Material nicht verwesen. In tieferen Schichten herrschen großer Druck und hohe Temperaturen", erklärte die Lehrerin.

Sie klickte auf die nächste Folie. Ein Bild zeigte, wie eine schwarze Masse glänzend aus einem Bohrturm schoss. In diesem Moment durchfuhr es Dennis wie ein Blitz! Er schlug sich mit der Hand an die Stirn und murmelte: „Erdöl! Logisch: das schwarze Blut der Erde!"

Er sprang auf. Alle starrten ihn an. „Mir", stammelte er, „mir ist schlecht. Ich muss mal an die frische Luft." Seine Lehrerin wollte protestieren und ihm zumindest eine Begleitung mitschicken, doch da wurde Dennis vom erlösenden Klingeln gerettet. Die Schule war aus. Doch Dennis ging nicht nach Hause wie sonst, sondern er ging geradewegs zur nächsten Tankstelle.

Kapitel 3

Nach dem Umweg zu Hause angekommen, holte Dennis eine kleine Plastikflasche, um das Öl von der Tankstelle umzufüllen. Den ganzen Liter brauchte er schließlich nicht. Doch als die honigfarbene Masse zäh aus dem Behälter floss, kam sich Dennis ziemlich dämlich vor. Klar, das war ja kein Rohöl, es war nicht mehr schwarz. „Motoröl" stand fett auf dem Behälter.

„Verdammt!", fluchte Dennis und haute mit der flachen Hand auf den Schreibtisch, dass seine Handflächen schmerzten. Eine Weile saß er wie versteinert da. Dann jedoch kam ihm eine Idee. Er musste nur bis zum nächsten Erdkundeunterricht warten.

Zunächst war seine Lehrerin überrascht, dass ausgerechnet ihr schwacher Schüler Dennis anbot, freiwillig ein Referat über die Eigenschaften von Rohöl zu halten und diese im Experiment zu erproben. Doch um den Sinneswandel zu unterstützen, ließ sie sich auf Dennis' Idee ein.

Am nächsten Tag überreichte ihm die Lehrerin aufmunternd lächelnd einen Schuhkarton mit den nötigen Materialien, einer braunen Glasflasche mit Rohöl und einer sorgsam laminierten Projektanleitung inklusive Sicherheitshinweisen. Sie glaubte immer an das Gute im Menschen.

Mit dem Karton unter dem Arm machte sich Dennis auf den Heimweg. Es war so leicht gewesen! Er nahm die braune Flasche heraus, der restliche Karton landete mitsamt des Vertrauens seiner Lehrerin im Mülleimer der Bushaltestelle.

Zuhause angekommen, murmelte er nur kurz, dass ihm schlecht sei. Er wolle sich hinlegen und nicht gestört werden. In seinem Zimmer ließ er sich auf sein Bett fallen.

Der Heimweg war nicht lang gewesen, aber doch lang genug, dass er Zeit zum Nachdenken hatte. Die Freude über seinen Erfolg war schnell verflogen. Zurück blieb Angst. Er wusste, dass er nun unweigerlich in die dunkle, gefährliche Welt hinter dem steinernen Tor zurückkehren musste.

Natürlich musste er dazu überhaupt erst einmal das Tor, also den Eingang zur anderen Seite finden. Aber irgendwie sagte ihm sein Bauchgefühl, dass das kein großes Hindernis sein würde. Das Tor würde mit Sicherheit an genau der gleichen Stelle im Wald stehen wie damals, als er zum ersten Mal darauf gestoßen war – so alt und bewachsen, als wäre es nie fort gewesen, dort neben der knorrigen Buche. Diese Aufgabe machte ihm kein Kopfzerbrechen. Im Grunde auch nicht die Gefahren, die auf der anderen Seite auf ihn lauerten. Damit kam er irgendwie klar.

Doch am schlimmsten waren die Schuldgefühle: Seine Eltern würden wahnsinnig werden vor Angst, wenn sie sein Verschwinden bemerkten. Er hatte Schuld daran, er würde ihnen wieder wehtun, sie an den Rand des Ertragbaren bringen. Das zerriss ihm das Herz.

Irgendwie musste er ihnen klar machen, dass sie keine Angst zu haben brauchten, dass er auf jeden Fall zurückkehren würde, dass sie ihn nicht zu suchen brauchten. Aber wie? Aus der Schublade unterhalb der Schreibtischplatte nahm er ein Blatt Papier. Seit Ewigkeiten hatte er keinen Brief mehr geschrieben, nur Textnachrichten auf dem Handy, aber sein Bauchgefühl sagte ihm, dass es für diesen Anlass doch ein richtiger, handgeschriebener Brief sein musste. Warum eigentlich? Wahrscheinlich weil …

1. Bearbeite M9. → M9
2. Vervollständige den Satz, indem du die Infos aus M9 verwendest.

Also setzte sich Dennis auf den schwarzen Drehstuhl an den Schreibtisch und fing an zu schreiben.

3. Befolge die Tipps in M10 und schreibe den Brief an Dennis' Eltern auf ein Konzeptpapier. ➝ M10

4. Korrigiere den Brief mit Hilfe der Checkliste in M11. ➝ M11

5. Schreibe den korrigierten Brief auf das Briefpapier ab.

Den Brief legte er auf sein Bett, damit seine Eltern ihn gleich finden würden, wenn sie kamen, um nach ihm zu schauen. Es zerriss ihm das Herz, ihnen das antun zu müssen, aber er wusste, es ging nicht anders.

Schnell packte er seinen Rucksack. Letztes Mal war er unvorbereitet in die dunkle Welt geraten – nun konnte er zumindest Vorkehrungen treffen. Was sollte er alles einpacken? Er durfte nicht zu viel Aufsehen erregen, mehr als seinen gefüllten Rucksack konnte er nicht mitnehmen. Die Geschäfte hatten auch schon geschlossen. Es musste das ausreichen, was er zu Hause hatte.

Schließlich entschied er sich für ....

....

....

....

....

....

15 ....

....

....

....

20 ....

....

....

....

Er horchte, ob jemand im Treppenhaus war. Dann nahm er sei-
25 nen Rucksack auf den Rücken, zog seine Wanderschuhe an, blickte sich ein letztes Mal zum Abschied in seinem Zimmer um und schlich so leise er konnte aus dem Haus.

6. Wähle in M12 aus, was Dennis alles einpackt. → M12

7. Um gleich aufzuschreiben, was Dennis einpackt, gehe wie üblich nach der Anleitung in M0a vor. Schau dir als Vorübung noch einmal M6 an.

Tipp: Vergiss nicht die Ölflasche einzupacken!
→ M0a + M6

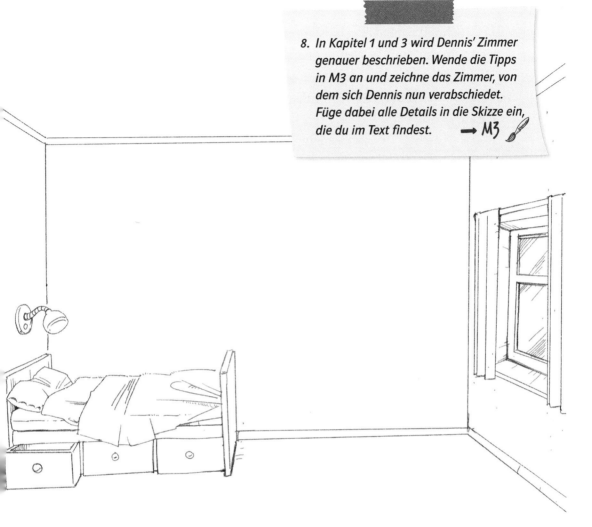

8. In Kapitel 1 und 3 wird Dennis' Zimmer genauer beschrieben. Wende die Tipps in M3 an und zeichne das Zimmer, von dem sich Dennis nun verabschiedet. Füge dabei alle Details in die Skizze ein, die du im Text findest. ➡ M3 🖌

9. Überprüfe deine Zeichnung mit Hilfe der Checkliste in M13. ➡ M13
10. Korrigiere in deinem Bild alle Details, die noch fehlerhaft sind.
11. Arbeite mit deiner Übungskartei. ➡ M06
12. Wenn dir noch Zeit bleibt, kannst du das Zimmer noch weiter ausgestalten. Welche Poster hat Dennis im Zimmer hängen? Hat er noch Plüschtiere auf dem Bett liegen? Welche Bücher / Comics liest er? Welche Farbe haben seine Klamotten? Zeichne ein!

Kapitel 4

1. Bearbeite M14, um dich mit den Wörtern der folgenden Kapitel vertraut zu machen. → **M14**

2. Lies zuerst die Kapitel 4 und Kapitel 5 und schreibe dir dabei alle Wörter, die du nicht kennst, auf je eine farbige Karteikarte. Schreibe die Bedeutung auf deren Rückseite. → **M06**

3. Wenn du dir einen Überblick über die beiden Kapitel verschafft hast, sammle mögliche Kapitelüberschriften. Vergleiche wenn möglich mit einem Lernpartner.

4. Wähle die jeweils passendste Überschrift aus und trage sie als Kapitelüberschrift ein.

5. Bearbeite die Aufgaben in der vorgegebenen Reihenfolge.

Aus der Dunkelheit flogen ihm armdicke Speere entgegen. Immer wieder musste er sich ducken, um den erbarmungslos heranrasenden Geschossen auszuweichen. Noch konnte er die riesenhaften Orks, die die Speere nach ihm schleuderten, nicht sehen.

„Achtung!", schrie sein Freund warnend. „Dreh dich um, sie greifen von hinten an!" Sofort wich Leon zurück und blickte hektisch dorthin, wo nun der Lärm der herannahenden Krieger deutlich zu hören war. „Schieß einen Kettenblitz ab!", rief Ruben. „Mach ich!", antwortete Leon und feuerte eine Salve magischer Energie in die Horde der Orks ab. Doch die grobe Haut der Wesen war zu dick – die Blitze hielten sie zwar kurz auf, konnten sie aber nicht stoppen.

Aufgeregt schrie er: „Das hat nichts gebracht, wir müssen uns hoch auf die Felsebene verlagern – von dort aus können wir sie besser treffen!" Dabei rannte er bereits auf die Berge zu. Ruben blieb zunächst stehen, schoss einen Pfeil in die Richtung der heranstürmenden Feinde, doch dann begriff auch er, dass er hier unten nichts gegen die Übermacht des Gegners ausrichten konnte. So schnell es ging rannte auch er, um den strategischen Vorteil der Berge nutzen zu können.

In geduckter Haltung arbeiteten sie sich vor durch das steinige Geröll, doch plötzlich baute sich ein riesiger und angsteinflößender Gegner vor ihnen auf, der wie aus dem Nichts aufgetaucht war.

6. Wie sieht die Gestalt aus? Zeichne den übermächtigen Gegner, der in deiner Geschichte hier sichtbar wird.

Wichtig: Achte darauf, dass deine Mitschüler deine Zeichnung **nicht** sehen!

7. Bearbeite M15, um den Gegner gleich mit Worten beschreiben zu können. → M15

8. Schreibe deine in M15 über- arbeitete Version hier auf.

„Leonhart", rief da plötzlich seine Mutter. Sie war ins Zimmer gekommen. Leon hatte die Lautstärke so sehr aufgedreht, dass er sie
nicht hatte kommen hören. „Mach den Computer aus, du musst
mir helfen", sagte sie aufgeregt. „Jetzt nicht, den Kampf müssen wir
noch zu Ende machen, hier kann man nicht abspeichern", entgegnete Leon. Meistens konnte er so doch noch zehn Minuten Spielzeit
herausschlagen. Doch heute blieb seine Mutter standhaft. „Nein",
sagte sie mit einer Stimme, die keinen Widerspruch duldete, „sofort
ausmachen! Du hast sowieso Computerverbot seit deiner Mathe-
arbeit."

Widerwillig legte Leon den Controller weg, der wie wild vibrierte,
als seine Figur von den Orks überrannt wurde, und sagte ins Mikro:
„Tut mir leid Ruben, ich muss aufhören."

Leons Mutter sah sehr gestresst aus. Mit der Hand wischte sie sich
hektisch die Haare aus der Stirn. „Deine Schwester ist mal wieder
verschwunden", erklärte sie. „Auf dem Spielplatz habe ich geschaut,
da ist Sophie nicht. Ihre Freundinnen habe ich auch schon angeru-
fen. Ich mache mir verdammt große Sorgen, es ist schon viel zu spät
für ein siebenjähriges Mädchen. Ich suche auf dem Bolzplatz nach
ihr, Papa übernimmt den Minigolfplatz. Du wirst währenddessen
zur Eisdiele gehen und dort nach ihr suchen, ich will keine Zeit
mehr verlieren. Und nimm dein Handy mit!"

Ohne eine weitere Erklärung drehte sie sich um, suchte fluchend
nach ihrem Haustürschlüssel, warf sich die Jacke über und verließ
die Wohnung.

„Ich komm mit", sagte Leons Freund Ruben, der alles über das
noch eingeschaltete Mikro gehört hatte. „Bin in zwei Minuten bei
dir."

Kapitel 5

„Die Eisdiele ist da drüben", protestierte Ruben, als Leon auf den kleinen Weg abbog, der zum Waldrand führte. „Ich kenne meine kleine Schwester, die war noch nie in der Eisdiele! Ich wette mit dir um einen Zehner, dass sie wieder im Wald abhängt. Sie hat diesen Detektivrucksack zum Geburtstag bekommen. Den schleppt sie jetzt überall mit und sucht nach verdächtigen Spuren für was auch immer. Kinderkram." Ruben zuckte mit den Schultern und folgte Leon auf dem dunklen, kleinen Weg.

Kaum waren sie am Waldrand angekommen, blieb Leon bereits stehen und flüsterte grinsend: „Du schuldest mir nen Zehner." Zwar konnte sich Sophie mit ihrer olivfarbenen Jacke und dem dunklen Detektivrucksack recht gut verbergen, doch Leon hatte ihre knallroten Sneaker, die aus einem Gebüsch hervorleuchteten, sofort entdeckt. „Das wird sie mir büßen! Ihretwegen haben die Orks uns platt gemacht!"

Leise schlich er sich an und legte ihr von hinten die Hand auf die Schulter. Erschrocken fuhr sie zusammen. Als sie sich umdrehte, stand ihr panische Angst in den Augen. Sie starrte Leon an. „Du Idiot!", zischte sie nach einer Schrecksekunde. Dann setzte sie ein ernstes Gesicht auf und zog die Stirn in Falten. Mit verschränkten Armen fuhr sie selbstbewusst fort: „Ich löse gerade das größte Geheimnis, das es hier jemals gab!" „Wer's glaubt!", grinste Leon, doch Sophie fauchte ihn wütend an: „Guck doch selbst!" Dabei deutete sie auf eine Lichtung.

Aus Sophies Versteck hatten die drei einen guten Blick auf den Verdächtigen, den Sophie offensichtlich verfolgt hatte: Dennis, dieser komische Kerl, von dem jeder hier schon gehört hatte. Irgendwie war der durchgeknallt.

Als Sophie ihrem Bruder das Plastikfernglas aus ihrem Detektiv-rucksack reichen wollte, schüttelte dieser nur den Kopf. Das Ding taugte doch zu nichts! Trotzdem war nun auch Leons Interesse ge-weckt und er sah, dass auch Ruben sich nun duckte und Dennis be-obachtete.

Was machte dieser komische Kerl mitten in der Woche abends mit einem großen Rucksack auf dem Rücken im Wald? Pilze suchen bestimmt nicht! Vielleicht hatte Sophie gar nicht so Unrecht und der Typ hatte wirklich irgendwas Merkwürdiges vor!

Der Kerl war eh komisch. Alle im Dorf wussten das. Dennis war einmal eine ganze Weile verschwunden gewesen und es gab unzäh-lige Gerüchte darüber, wo er gewesen war, aber sicher wusste es nie-mand.

Sie sahen, wie sich Dennis im Wald nach allen Seiten umblickte, als suche er etwas in dem dichten Gestrüpp. Das war wirklich ko-misch. Sophie warf ihren blonden Zopf nach hinten und zog ihr Detektiv-Notizbuch hervor, in das sie alles hineinkritzelte, was sie bereits schreiben konnte. Leon blickte auf den Zettel und verdrehte die Augen. Sie war schon am Ende der zweiten Klasse, da hätte sie eigentlich schon ganz gut schreiben können müssen, aber sie war nicht die beste Schülerin in Deutsch. Was sie schrieb, war wie immer ohne Punkt und Komma geschrieben:

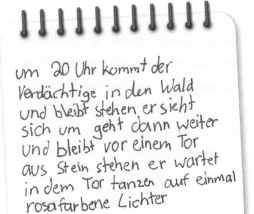

um 20 Uhr kommt der Verdächtige in den Wald und bleibt stehen er sieht sich um geht dann weiter und bleibt vor einem Tor aus Stein stehen er wartet in dem Tor tanzen auf einmal rosafarbene Lichter

1. Teile den Text des Notiz-buchs in vier sinnvolle Sätze ein und setze entsprechend die Punkte. Passe auch die Groß- und Kleinschreibung an, indem du über die Buchstaben schreibst.

2. Setze in den Sätzen ein Komma nach den Regeln in M6 ein. ➡ M6

Rosafarbene Lichter? Leon blickte irritiert auf und traute kaum seinen Augen. Tatsächlich! Dort im Durchgang des Tors tanzten rosa- und lilafarbene Funken! Und es wurden immer mehr! Triumphierend flüsterte Sophie den beiden Jungen zu: „Ich wusste es! Ich war auf der richtigen Spur!!"

„Aber was … ist das?", stotterte Ruben verwirrt. „Keine Ahnung", antwortete Leon, der sich auch nicht erklären konnte, woher der mittlerweile im Durchgang wirbelnde Strudel aus Farben kam. Auch hätte er schwören können, dass das Tor letzte Woche noch nicht hier gestanden hatte! „Wie schreibt man *mysteriös*?", fragte Sophie. Statt zu antworten blickte Leon seine Schwester nur genervt an, woraufhin diese nach mehreren missglückten Schreibversuchen einfach *geheimnisvoll* in ihrem Block notierte, sogar ohne Rechtschreibfehler, wie Leon amüsiert feststellte.

„Gib mir mal dein Handy", bat sie, „ich will ein Foto machen." „Vergiss es", gab Leon zurück, woraufhin Sophie damit begann, das Geschehen stattdessen in einer Skizze festzuhalten.

Leon musste anerkennen, dass ihr keine Kleinigkeit entging, nicht einmal die Krähe, die starr auf der an das Tor anschließenden Mauer saß und in Dennis' Richtung blickte. Genau zeichnete sie den Efeu, der sich wie eine Schlange an der Wand rechts des Durchgangs emporschlängelte. Doch offensichtlich galt ihre hauptsächliche Aufmerksamkeit dem Durchgang selbst. Sie zeichnete mit sicheren Bewegungen den Strudel aus tanzenden und wirbelnden Farben, in dessen umherwehenden, kreisenden Funken man sich fast verlieren konnte.

Leon blickte ungläubig zu Ruben hinüber, der nur verwirrt die Schultern hob. Dann schaute er wieder auf das steinerne Tor, dessen Durchgang von Sekunde zu Sekunde heller und intensiver in Rot- und Lilatönen leuchtete. Es war, als tanzten darin helle Funken.

Während seine Schwester emsig weiter an ihrer Skizze arbeitete, suchte Leon nach einer Erklärung für dieses merkwürdige Leuchten. Vielleicht wirkte das nur so, weil rechts und links neben dem Durchgang je eine Fackel hing, deren Feuer knisterte. Dadurch sah es vielleicht so aus, als hüpften Funken im Durchgang. Aber dafür war es viel zu intensiv!

Vielleicht feierte da auch jemand seine Party und hatte aufwendige Lichttechnik eingesetzt. Aber hinter dem Tor war eigentlich nichts, kein Partyraum, keine Partygäste, keine Musik. Das Tor war eigentlich nur ein Loch in einer etwa sechs Meter langen Wand aus moosigen Steinen mitten im Wald. An der Stelle, wo der Durchgang in der Mauer war, wölbte sie sich zu einem Halbkreis über dem Durchgang empor.

Irgendwas passte da nicht, irgendwie wirkte das alles gespenstisch und unheimlich. Vielleicht kam das aber auch nur durch die unheimliche, knorrige Buche neben dem Tor, die ihre Äste wie gekrümmte Finger in den dunklen Nachthimmel streckte, als leide sie Schmerzen.

Ungläubig schaute er zu Ruben hinüber, der fassungslos das Geschehen verfolgte. Dann glitt Leons Blick zurück zu Dennis. Was er dort sah, konnte Leon kaum fassen – dafür konnte es keine logische Erklärung geben: Dennis, der vor dem Tor gewartet hatte, bis die Farben darin grell leuchteten und wild durcheinanderwirbelten, machte nun einen entschlossenen Schritt in das tanzende Farbspiel hinein – und war verschwunden. Weg!

Leon starrte Ruben an. „Krass! Was verdammt war das denn?", fragte er seinen Freund fassungslos. Doch der schüttelte nur ungläubig den Kopf und hob die Schultern. „Vielleicht …", begann er, stockte dann aber gleich. „Irgendwie wie in diesem Spiel … weißt du noch?", fragte Ruben. Leon zog die Stirn in Falten und fragte: „Hä? Welches meinst du denn?" Doch anstatt ihm zu antworten, rannte Ruben plötzlich los und schrie dabei panisch: „Nein! Bleib sofort stehen!"

Nun schaute auch Leon erschrocken zum Tor und sah, wie sich seine kleine Schwester auf die gleiche Art wie Dennis dem Durchgang näherte und dann im wilden, bunten Tosen der Farben verschwand. „Nein!", schrie er panisch. „Komm zurück!"

3. Bearbeite M16, um in den folgenden zwei Absätzen die Verben richtig einsetzen zu können. → M16

4. Setze die Verben ein.
Pass auf: Verwende das Präteritum!

Doch nichts geschah. Die Sekunden wirkten wie eine Ewigkeit. Fassungslos .... Leon das Tor .... (anstarren). Seine Schwester war verschwunden. Einfach weg! Leon konnte sich nicht rühren. Angst .... in ihm .... (aufsteigen). Sein Gesicht war weiß, der Schreck lähmte ihn, er konnte kaum atmen.

Ruben .... ihn am Arm .... (hochreißen). Auch in seinem Gesicht war Panik erkennbar, doch Ruben hatte sich aus der Schockstarre befreien können. Verzweifelt .... er Leon .... (zurufen): „Das Leuchten wird schwächer, sie kommt nicht zurück. Wir müssen hinterher! Schnell!" Leon war unfähig, irgendeine Entscheidung zu treffen. Ruben .... ihn einfach .... (mitziehen). Gemeinsam rannten die beiden Jungen die letzten Schritte zum Tor, dessen Leuchten immer mehr verblasste, und tauchten in das wirre Farbspiel ein.

5. Male das Tor in Sophies Notizbuch[1]. M3 hilft dir dabei. ➞ M3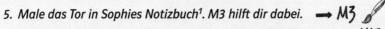

6. Kontrolliere deine Zeichnung mit Hilfe der Checkliste in M17. ➞ M17

7. Verbessere deine Zeichnung.

8. Arbeite mit deiner Übungskartei. ➞ M06

1 Wer den Band *Die Macht des grünen Nebels* kennt, hat hier schon eine Vorstellung vom Tor. **Aber Achtung:** In der Beschreibung hier verstecken sich neue, zusätzliche Details!

Kapitel 6

1. Bearbeite M18, um dich mit den Wörtern der folgenden Kapitel vertraut zu machen. → M18

2. Lies zuerst die Kapitel 6 und 7 und schreibe dir dabei alle Wörter, die du nicht kennst, auf je eine farbige Karteikarte. Schreibe die Bedeutung auf deren Rückseite. → M06

3. Wenn du dir einen Überblick über die beiden Kapitel verschafft hast, sammle mögliche Kapitelüberschriften. Vergleiche wenn möglich mit einem Lernpartner.

4. Wähle die jeweils passendste Überschrift aus und trage sie als Kapitelüberschrift ein.

5. Bearbeite die Aufgaben der beiden Kapitel in der vorgegebenen Reihenfolge.

6. Bearbeite M19 „Imperativ". → M19

7. Setze auf den freien Linien auf den Seiten 39–44 die in Klammern stehenden Verben im Imperativ ein.

Achtung: An zwei Stellen findest du trennbare Verben! Beachte dazu M16! → M16

Das erste, was Leon wahrnahm, war das Beben des Bodens. Seine Augen waren noch geblendet vom hellen Funkeln im Durchgang des Tors. Schützend hielt er sich den Arm vor das Gesicht und blinzelte, kniff seine Augen zusammen. Als er sie wieder öffnete, sah er nur Dunkelheit und Säulen von grünem Nebel, der unheimlich aus dem Boden kroch.

Fassungslos blickte er sich um. Das konnte nicht sein! Das durfte nicht sein! Das war nicht der Stadtwald, in dem er eben noch gewesen war! Das war … Doch es blieb keine Zeit, um darüber nachzudenken.

Der grüne Nebel kroch bedrohlich näher, als wolle er ihn einhüllen, schoss plötzlich überall aus Spalten hervor, die blitzartig aufrissen, wo gerade noch ebener Boden gewesen war. Panik erfüllte ihn. Sie war übermächtig. Für einen Moment verharrte er auf der Stelle, unfähig, sich zu bewegen.

„Weg hier!", hörte er Ruben aus einiger Entfernung schreien. „.............................!" (*laufen* Singular) Leon konnte Ruben nicht sehen, doch orientierte er sich an der Stimme. Er schlug Rubens Richtung ein.

Der Nebel schien von überall zu kommen. Sophie! Wo verdammt war sie? Leon konnte sie nicht entdecken! Das war alles ihre Schuld, immer baute sie nur Mist, er hätte sie am liebsten erwürgt! Trotzdem musste er ihr helfen. Wo verdammt war sie?

Er blickte zurück zum Tor. Wo auch immer sie hier gelandet waren, durch das Tor müssten sie doch zurück in den Stadtwald kommen! Doch zwischen ihm und dem Tor baute sich eine undurchdringliche Nebelwand auf. Leon wandte sich wieder um, lief einige Schritte. Da endlich entdeckte er seine Schwester und ein Stück weiter vorne auch Ruben. Leon eilte zu ihr.

Als Leon schon fast zu ihr aufgeschlossen hatte, spurtete Sophie plötzlich los und rief: „Dennis ist da lang gerannt!" „Verdammt, Sophie!", schrie Leon außer sich. Jetzt rannte sie blind weiter hinter Dennis her, so bescheuert konnte doch nicht einmal seine kleine Schwester sein! „.............................. (*rennen* Singular) sofort zurück zum Tor!", befahl er. Doch Sophie hastete weiter in die entgegengesetzte Richtung.

„Die ist irre!", schrie er Ruben entgeistert zu, doch blieb ihm nichts anderes übrig, als ihr zu folgen. Zwei Gefühle beherrschten ihn so sehr, dass er kaum denken konnte: Angst, panische Angst vor der Umgebung, dem Nebel und all dem, was er sich nicht erklären konnte, und gleichzeitig Wut, brennende Wut auf seine total bescheuerte Schwester!

Schnell war Leon auf gleicher Höhe mit Ruben, der viel langsamer war als sonst. Er musste sich verletzt haben, denn er humpelte. Leon packte seinen Freund unter den Armen und zog ihn mit sich so gut es ging, immer darauf bedacht, dem Nebel und den aufreißenden Spalten im Boden auszuweichen. Leons Panik wuchs, denn sie kamen viel zu langsam voran, obwohl Ruben alles gab, was möglich war, das konnte er ihm ansehen. Doch der Nebel wurde immer dichter, immer wieder verschwand Sophie aus ihrem Blickfeld. Leon keuchte.

Hinter einer riesigen Nebelsäule, der sie ausgewichen waren, sahen sie Sophie plötzlich wieder. Fast hatten sie sie eingeholt. „Sophie!", schrie er, denn er sah, wie plötzlich vor Sophies Füßen der Boden bebte. Leon wusste, er würde gleich aufreißen und Sophie verschlingen, wenn sie nicht auswich. Leon machte einen Satz und fasste Sophie mit der freien Hand am Arm, zog sie weg von einem Spalt, der im Boden aufriss, und befahl: „........................ schnell!" (*kommen* Singular).

Durch das heftige Manöver stürzte Ruben erneut. Er verzog vor Schmerzen sein Gesicht. „........................ (*helfen* Singular) ihm doch", schrie Sophie, „und .... (*nehmen* Singular) seine Hand!" Leons sonstige Geduld seiner Schwester gegenüber war jetzt endgültig aufgebraucht. Wutentbrannt schrie er: „........................ (*sein* Singular) still, verdammt! Was glaubst du, was ich hier tue?!"

So schnell es ging half er Ruben wieder auf die Beine und zog die anderen mit sich. In der Höhe verdichteten sich die Nebelschwaden, sodass die drei in geduckter Haltung weiterrannten. Leon wusste schon lange nicht mehr, in welche Richtung sie rannten – einfach dorthin, wo der Nebel ihnen noch einen Ausweg ließ.

Sie rannten geduckt über den aufgewühlten Boden, Sophie begann zu husten und zu keuchen, doch Leon zog sie weiter und weiter. Leise hörte er ihr Wimmern.

Doch dann geschah etwas, womit Leon schon kaum mehr gerechnet hatte: langsam wurden die grünen Schwaden dünner. Er merkte, dass immer weniger Säulen aus dem Boden hervorzischten, je weiter sie liefen. Nur das Beben im Boden konnten sie noch immer spüren. Doch die Angst, dass der Boden erneut aufreißen und grünen Nebel spucken könnte, trieb sie weiter und weiter.

Leon hätte nicht sagen können, wie lange sie so gerannt waren. Staub klebte auf seiner Haut, seine Lungen schmerzten. Mit einem Mal konnte er nicht mehr weiterlaufen. Auch Sophie blieb stehen, atmete keuchend, ließ den Oberkörper nach vorne sinken und stützte sich mit den Händen auf den Knien ab. Ruben ließ sich auf den sandigen Boden fallen und hielt mit schmerzverzerrter Mine sein Bein.

Leon blickte sich um. Keine Spur mehr von grünem Nebel. Doch was jetzt? Sie hatten die Orientierung verloren. Es war dunkel. Nur ein übergroßer Mond leuchtete über einer gespenstisch leeren Landschaft. Hier und dort erhellten merkwürdige leuchtende Pflanzen den sandigen Boden. Wo der Rückweg war, wussten sie nicht. Sie waren verloren.

„Wo verdammt sind wir?", presste Leon hervor, ohne eine Antwort zu erwarten. „Ich weiß es nicht", antwortete Ruben so müde, als hätte er bereits aufgegeben. „Weiter!", drängte Sophie. „..............................(*beeilen* Plural) euch!"

Im Grunde hatte sie recht. Es blieb ihnen eigentlich keine andere Wahl, als in irgendeine Richtung weiterzulaufen, denn hier in dieser öden Landschaft zu rasten kam nicht in Frage.

Natürlich war weiterzulaufen immer noch besser als aufzugeben, aber ihr Ton brachte Leon zum Ausrasten. „Verdammt, jetzt .... mir mal .... (*zuhören* Singular)!", schrie Leon. „.................... dich gefälligst .... (*zusammenreißen* Singular)! Und .... (*vergessen* Singular) nicht: Du warst es, die uns in diese Situation gebracht hat! Also .... (*sprechen* Singular) gefälligst nicht so mit uns!"

Sophie, die es nicht gewohnt war, dass Leon laut wurde, schossen Tränen in die Augen, das konnte Leon trotz der Dunkelheit um sie herum sehen. Sophie drehte sich daraufhin um und trottete langsam weiter.

Ruben nickte Leon zu. Es war höchste Zeit gewesen, Sophie in ihre Schranken zu weisen. Trotzdem fühlte Leon sich mies und musste gegen den inneren Impuls ankämpfen, seine kleine Schwester sofort wieder zu trösten. Aber dieses Mal war sie wirklich zu weit gegangen, total irre hatte sie sich verhalten! Erst war sie völlig grundlos diesem Wahnsinnigen hinterhergerannt, hatte sie alle in Gefahr gebracht, und dann spielte sie sich auch noch auf, als wisse sie am besten, was zu tun wäre! So nicht!

Wortlos gingen sie weiter, Sophie ein wenig abseits von den beiden Jungen. Weder wussten sie, wo sie das Tor wiederfinden könnten, noch sahen sie Spuren von Dennis. Sie setzten einen Fuß vor den anderen, doch die Richtung war reiner Zufall.

Die Wut auf seine Schwester brannte noch immer in ihm, doch langsam wurde sie von seinem Verantwortungsgefühl ihr gegenüber überlagert. Lange hielt Leon das Schweigen nicht durch. Nach einer Weile knickte er doch wieder ein. Er konnte es nicht mit ansehen, dass Sophie wie ein Häufchen Elend durch den Sand schlurfte. Ihr musste es dreckig gehen, sicherlich hatte sie mindestens genauso viel Angst wie er in dieser dunklen, gefährlichen, unbekannten Umgebung.

Daher brach er die bedrückende Stille und sagte mit seiner großer-Bruder-Stimme: „.......................... (*geben* Singular) mir bitte mal deine Wasserflasche aus dem Rucksack." „Aha", flötete Sophie triumphierend. Ihre Stimmung konnte sich von einer Sekunde zur anderen ins Gegenteil verwandeln, das kannte Leon zu Genüge. Mit hochgezogenen Brauen stichelte sie frech: „Auf einmal ist mein Rucksack doch nützlich." Leon entgegnete nichts – das war nicht der richtige Zeitpunkt für einen erneuten Geschwisterstreit.

Sophie schien das bemerkt zu haben, ruderte zurück und reichte Leon kleinlaut ihre Flasche. Ruben hielt sie versöhnlich einen Apfel aus ihrem Rucksack entgegen. „.......................... (*essen* Singular) ruhig", sagte sie und fuhr fort: „Ich habe eh keinen Hunger."

Ruben lehnte ihn jedoch höflich ab. Leon kannte Ruben schon lange: so war er immer: ein geborener Gentleman, selbst wenn es ihm schlecht ging. Ruben musste Schmerzen haben wegen seines Beins, bestimmt hatte er auch Hunger und ihm war mit Sicherheit kalt. Schließlich trug er nur ein kurzärmliges Poloshirt, das seine breiten Schwimmerschultern zwar betonte, aber sicherlich nicht sonderlich warm war.

So war Leon nun zum ersten Mal mit seinem viel zu großen, schlabberigen Wollpulli, den seine Mutter ihm ausgesucht hatte, den ausgetretenen Sneakern und der abgewetzten Lederjacke besser gekleidet als Ruben mit seinem schicken Shirt und den glatten braunen Chelseaboots, die farblich auch noch zum Gürtel passten. Ruben sah gut aus, wie immer, aber er fror. Also zog Leon die Jacke aus und reichte sie Ruben. Zu Leons Verwunderung nahm er sie dankbar entgegen und zog sie an, obwohl sie an den Schultern ziemlich spannte – ihm musste es wirklich richtig kalt gewesen sein.

Sie gingen weiter. Langsam. Keiner wollte den anderen Angst machen und zugeben, dass sie verloren waren. Doch irgendwann konnte Leon nicht mehr. Er blieb stehen, blickte sich um und fragte verzweifelt: „Wo verdammt nochmal sind wir? Was soll das alles?" Sophie antwortete nicht, aber sie begann zu schluchzen. Leon nahm sie in den Arm.

„Ich weiß, das klingt echt komisch", begann Ruben, „aber weißt du noch in ‚Glorious Adventure of Amaldanus'? Da gab es doch dieses riesige Dimensionenportal, durch das man in eine andere Welt kommen konnte. Irgendwie ist es hier auch so." Leon nickte und antwortete: „Und dunkel ist es hier auch, wie in der Welt hinter dem Portal." Ruben verzog den Mund und witzelte: „.......................... (geben Singular) Acht, vielleicht kommen hier auch gleich die Dämonenhorden wie in dem Spiel an."

Leon rang sich ein Lächeln ab und konterte: „Dann .... lieber .... (aufpassen Singular) und .... (behalten Singular) die Gegend im Blick!" Beide lachten, doch das Lachen war weder sorglos noch echt. Leon ertappte sich dabei, wie er mehrmals unauffällig einen Blick über die Schulter warf, um nach möglichen Verfolgern Ausschau zu halten. Doch dort war nichts. Alles war öde und kahl.

Angst erfüllte Leon, doch er hütete sich davor, seine Ängste laut vor Sophie auszusprechen. Sie hatte sich wieder beruhigt und schien sich von ihnen am wenigsten Gedanken darüber zu machen, wie sie jemals zurückfinden sollten oder wie sie an etwas Essbares kämen. Dämonenhorden wären hier ihr kleinstes Problem gewesen. Sie waren verloren! Und sie hatten nichts dabei, was sie retten könnte.

Wahrscheinlich hätte ihnen selbst ein Handy hier sowieso nichts genützt, mit Sicherheit gab es hier keinen Empfang, aber zu allem Überfluss war ihm sein Handy auch noch aus der Tasche gefallen, als sie vor dem grünen Nebel geflüchtet waren. Nun waren sie absolut hilflos.

Es blieb ihnen also nichts übrig, als weiterzulaufen. Nach einer Weile veränderte sich die Landschaft. Ihre Füße sanken nicht mehr bei jedem Schritt im sandigen Boden ein, sie liefen nun über weiches Gras.

„........................ (*lassen* Plural) uns rasten", schlug Ruben vor. Die drei ließen sich auf dem weichen Untergrund nieder. Sophie schlief sofort ein und auch Ruben und Leon waren so erschöpft, dass auch sie bald in einen leichten, unruhigen Schlaf sanken.

Als sie aufwachten, stand der Mond noch an genau der gleichen Stelle, direkt über einem kleinen Baum in ihrer Nähe. „........................ .... (*aufstehen* Plural), wir müssen weiter", sagte Ruben ruhig und half Sophie aufzustehen. Hungrig setzten sie ihren Weg fort, rasteten, und liefen weiter. Alles Essbare aus Sophies Rucksack war längst aufgegessen.

„........................ (*sehen* Plural) mal! Da!", rief Sophie plötzlich aufgeregt und deutete in eine Richtung. Die beiden Jungen hoben ihre Köpfe. Aus der Ferne erkannten nun auch Ruben und Leon einen See, in dem sich der riesige Mond spiegelte. Trinkwasser! Leon konnte es kaum glauben. Sie waren gerettet. Für den Moment jedenfalls. Der See lag friedlich da: umgeben von Felsen, Wald und Wiesen. Hoffnung durchströmte Leon. Eilig gingen die drei näher heran.

„Da!", rief Sophie erneut und deutete mit ihrer Hand auf einen Felsvorsprung, der in etwa drei Meter Höhe über dem See thronte. „Da ist jemand!!", ergänzte sie und eilte los. Leon konnte in der Dunkelheit nichts erkennen, doch wollte er sie nicht alleine den Berg hinauf bis zum Felsvorsprung klettern lassen. „Warte!", rief er und eilte ihr hinterher.

Mit einem Schwung zog er sich auf die Felsebene hinauf. Leon konnte kaum fassen, was er dort sah: Auf der Ebene lag Dennis. Sophie hatte ihn gefunden!

Doch wo zur Hölle waren sie hier? Warum war Dennis hier her gekommen? Leon sah sich um. Der Felsvorsprung war groß und bot einen Blick über die weite Ebene, die vom Mond in ein fahles

Licht getaucht wurde. Im Felsen dahinter führte eine Höhle in den Berg hinein.

Es sah aus, als wäre Dennis an dieser Stelle einfach kraftlos zusammengebrochen, denn er lag seltsam verrenkt auf dem kahlen Steinboden. Die Muskeln in seinem Gesicht waren angespannt, tiefe Furchen standen auf seiner Stirn. Seine Hände waren zu Fäusten geballt.

„Dennis?", fragte Sophie vorsichtig, doch er hörte sie nicht. Behutsam tippte sie ihn an, doch Dennis war gefangen in seinem Traum. In den Zügen auf seinem Gesicht konnte Leon große Angst erkennen. Dennis wälzte sich herum.

„Lass mich mal", sagte Ruben und schob Sophie sanft beiseite. Er fasste Dennis am Bein und schüttelte es heftig. „Hey", sagte er laut. Als Dennis nicht reagierte, packte Ruben Dennis an den Schultern und rief noch lauter: „Wach auf!" Dennis schreckte hoch und wich zurück. Ungläubig starrte er die drei an. Er schien zunächst nicht zu begreifen, wo er war, blickte sich hektisch nach allen Seiten um. Dann sah er wieder Ruben an.

„Was", begann er und fuhr dann fort, „macht ihr hier?" „Das wollten wir dich auch fragen", erklärte Sophie. „Wir sind dir gefolgt. Im Wald. Durch das Tor. Und dann … Was machst *du* denn hier?", fragte sie. Panik zeigte sich auf seinem Gesicht, als er mit großer Besorgnis in der Stimme sagte: „Nein! Das dürft ihr nicht!"

„Na, das ist dann ja wohl zu spät", entgegnete Sophie nüchtern. Alle drei blickten sie irritiert an. „Ja, was?!", entgegnete Sophie und hob die Schultern. Dennis richtete sich auf. „Ihr solltet sofort umkehren vielleicht ist es noch nicht zu spät", riet Dennis nachdrücklich und blickte dabei einen nach dem anderen ernst in die Augen.

Leon ergriff das Wort: „Das wollten wir ja. Wir haben es versucht! Aber der Nebel … Wir haben uns verirrt. Keine Ahnung, wie wir das Tor wiederfinden sollen! Ist ja nicht so, als hätten wir das nicht versucht!" Ruben ließ sich auf einen großen Stein auf der Felsebene sinken und hielt sein Bein. Mit einem Blick auf seinen Freund fuhr Leon fort: „Außerdem muss sich Ruben erst einmal ausruhen."

Dabei wies er auf Rubens Bein, das mittlerweile stark angeschwollen war.

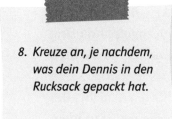

8. Kreuze an, je nachdem, was dein Dennis in den Rucksack gepackt hat.

☐ Dennis packte seine Erste-Hilfe-Box aus und strich eine abschwellende Salbe auf Rubens Bein.

☐ Dennis sammelte Moos und Rinde, wie Tobias es ihm damals gezeigt hatte, und umwickelte damit Rubens Bein.

„Setzt euch", sagte Dennis, nachdem er das Bein versorgt hatte, zu den anderen beiden, die noch immer unschlüssig auf dem Felsvorsprung standen. „Ruht euch erst einmal aus. Ihr habt Recht: es hätte keinen Sinn, jetzt loszulaufen und das Tor zu suchen. Aber warum, verdammt, seid ihr mir gefolgt?" Dabei stieß er wütend mit seinem Fuß auf.

Sophie setzte zu einer Erklärung an, doch Leon unterbrach sie und lenkte das Thema auf etwas, das ihm noch wichtiger erschien: „Was meintest du vorher damit, es sei vielleicht noch nicht zu spät? Zu spät wofür? Was weißt du über all das hier?" Als Dennis mit einer Antwort zögerte, drängte Ruben ungeduldig: „Bitte! Nichts kann schlimmer sein, als das, nach dem es hier aussieht!"

Dennis schien die Sorge in den Augen der beiden Jungen bemerkt zu haben. „Ich mache ein Feuer. Euch ist bestimmt kalt. Ich erkläre euch alles, versprochen", murmelte Dennis und gab jedem etwas zu essen. Während er das Feuer entzündete, füllten die anderen Sophies Wasserflasche am See. Dann setzten sie sich ans wärmende Feuer.

Die drei Jugendlichen hörten seiner Schilderung aufmerksam zu. Leon verstand zwar jedes einzelne seiner Worte, doch ergaben viele Dinge kaum einen Sinn. Alles klang so unwirklich! Trotzdem konnte er dem verwirrenden Bericht ein paar wichtige Informationen entnehmen. Er erfuhr, dass Dennis vor einem Jahr schon einmal in diese Welt geraten war, dass in dieser Welt viele Gefahren lauerten und es kaum einen Ausweg gab, wenn man einmal darin gefangen war.

Leon schaute zu Ruben hinüber und murmelte: „Das ist echt wie in ‚Adventures of Amaldanus'." „Stimmt", bestätigte Ruben, „da musste man erst eine Aufgabe erfüllen, bevor man wieder zurückgehen konnte." „Nur ohne Dämonen. Hoffe ich zumindest", raunte Leon.

Dennis überhörte das einfach und fuhr ernst mit seiner Erklärung fort. Er berichtete ihnen, dass in dieser Welt ständige Dunkelheit herrsche, wobei im Gegensatz zum letzten Mal, als er hier gewesen war, hellere Streifen am Horizont sichtbar seien. Er deutete über die weite Ebene hinweg und nun sah es auch Leon: „Stimmt! Da hinten sieht es aus, als würde der Tag bald anbrechen." Dennis nickte und sagte: „Die Dunkelheit verliert ihre Macht. Wir werden sie besiegen."

„Wir?", fragte Ruben. „Ja", bestätigte Dennis, „das Tor und ich." Als die anderen ihn weiterhin erwartungsvoll anblickten, murmelte Dennis: „Das erkläre ich euch irgendwann mal, das ist kompliziert. Auf jeden Fall ist das der Grund, aus dem ich hier bin. Nur ihr … ihr solltet nicht hier sein."

Die drei anderen sahen sich um. Tatsächlich, am Horizont konnte man einen Sonnenaufgang oder so etwas erahnen. Vielleicht eher etwas, das die Dunkelheit zerreißen würde, jedenfalls kein romantisches Morgendämmern.

Dennis stand auf. „Warte", bat Ruben. „Ich weiß, es war ein Fehler, dir zu folgen, aber jetzt sind wir nun einmal da. Wir brauchen noch mehr Infos von dir. Nur so haben wir hier überhaupt eine Chance!"

Mit einem Nicken setzte Dennis sich wieder. „Ihr habt Recht", stimmte er Ruben zu. „Als ich vor einem Jahr plötzlich in diese Welt geraten bin so wie ihr jetzt, habe ich auch Hilfe bekommen, sonst hätte ich all das hier nicht überstanden."

Dennis atmete tief ein, bevor er weitersprach. „Damals wusste ich nicht, woher die Dunkelheit kam. Jetzt weiß ich es", fuhr er fort. „Ich bin zu einem bestimmten Zweck wieder in die Welt gerufen worden. Ich muss die Dunkelheit vertreiben. Nur ich kann das, dafür bin ich hier. Darum bin ich zurückgekehrt. Ich wünschte, ihr wärt mir nicht gefolgt – es ist sinnlos, dass ihr da seid! Ihr dürftet gar nicht hier sein!"

Ruben sah zu Leon und flüsterte: „Echt genauso, wie in dem Spiel, wo man für Amaldanus kämpfen muss, weil er alleine nicht den Hexenmeister besiegen kann." „Ja", pflichtete Leon ihm bei, „nur dass wir keine Waldkrieger sind. Keine Magie, nicht einmal Bögen haben wir." Erwartungsvoll schauten sie zu Dennis.

Dieser war sichtbar genervt. „Nein, verdammt, das ist kein dämliches Spiel, das ist echt! Und ich bin bestimmt kein Waldkrieger, der Magiepunkte sammelt. Hier steht echt viel auf dem Spiel und es ist nicht gerade hilfreich, euch hier zu haben! Ich hab echt andere Sorgen, als auch noch auf euch aufzupassen!"

Kleinlaut murmelte Leon: „Tschuldigung. Tut mir echt leid. Wir wollten nicht …" Doch Dennis unterbrach ihn, indem er abwinkte. Er atmete tief ein und fuhr ernst fort: „Ständig habe ich Träume, die sich ganz echt anfühlen. Das sind Botschaften. Deshalb weiß ich jetzt: Das steinerne Tor beschützt diese Welt. Es verlangt von mir, die Dunkelheit zu vertreiben. Dafür musste ich das schwarze Blut der Erde in diese Welt bringen. Ich muss ein Ritual durchführen oben auf dem Kalksteinberg. Dann wird die Welt frei sein."

Ruben, Leon und Sophie waren wie gebannt. Keiner bewegte sich. Das klang ziemlich abgefahren: Das schwarze Blut der Erde, Ritual, Botschaften. In Leon kamen Zweifel auf, ob man diesem Typen trauen sollte, den das gesamte Dorf für irre hielt. Das machte doch irgendwie alles keinen Sinn!

„Krass", brach Sophie das Schweigen. „Wir helfen dir", verkündete sie und stemmte entschlossen die Fäuste in die Seiten. „Danke, oh große Anführerin", fuhr Leon sie genervt an und auch Ruben blickte böse zu ihr hinüber und erklärte streng: „Es wäre nett, wenn du so etwas erst einmal mit uns absprichst, bevor du es versprichst!"

Sophie stand daraufhin auf und zog sich ans Seeufer zurück. „Lass sie doch rumzicken, sonst lernt sie es nie", sagte Ruben, doch Leon folgte ihr trotzdem. Er kannte sie gut. Er wusste, dass er sie jetzt trösten musste. Er war ihr großer Bruder.

Kapitel 7

Leon war sich dessen bewusst, dass sie Dennis auf seiner Mission sicherlich keine große Hilfe sein konnten. Daher war er fast erstaunt gewesen, als Dennis trotz allem das Angebot angenommen hatte. Zwar hatte Dennis es nicht direkt gesagt, aber Leon war sich sicher, dass ihr neuer Begleiter nur aus Verantwortung ihnen gegenüber so handelte. Er wollte die drei wohl nicht alleine zurücklassen und verschob daher seinen Aufbruch.

Gemeinsam errichteten sich die vier ein Lager in der Höhle. Ruben würde genug Zeit haben, damit sein Bein heilen konnte. Es würde ein langer Marsch werden.

1. *Beschreibe nun wie sich die vier Jugendlichen in der Höhle am See für die nächste Zeit einrichten. Wie sieht das Innere der Höhle aus? Wer schläft wo? Wo kochen sie, wo essen sie? Wie machen sie in der Höhle Licht? Verwende dabei mindestens zwei trennbare und zwei nicht trennbare Verben mit Präfix aus den Wortspeichern in M16 und unterstreiche sie.*

   Tipp: *Denke an die Gegenstände, die dein Dennis im Rucksack dabei hat! Die können den vieren nützlich sein!* ➞ M16 ✎

„Cool", grinste Sophie zufrieden „jetzt leben wir wie die Indianer in meinem Buch." Sie folgte den anderen zu ihrer Feuerstelle auf dem Felsvorsprung vor der Höhle und setzte sich zu ihren Begleitern. „Deshalb will ich jetzt auch noch einen Indianernamen haben!"

Leon dachte eine Weile nach und schlug dann vor: „Wie wäre es mit ....?" Sophies Lächeln wurde noch breiter. „Perfekt", stellte sie fest und ....

....

....

....

....

....

....

....

....

2. Erarbeite in M20a einen Namen für Sophie! → M20a

3. Schreibe ihn auf die erste Linie.

4. Schreibe auf die weiteren Linien, wie Sophie ihren Namen pantomimisch nachmacht. Nutze dabei das ursprüngliche Verb, aus dem du das Partizip gebildet hast. (z. B. hoppelnder Hase – ... hoppelte auf der Wiese herum wie ein kleiner Hase. Dabei stolperte sie und fiel hin.)

Die anderen konnten ihr Lachen nicht unterdrücken. Es sah echt komisch aus! Nacheinander bekamen alle von Sophie einen Indianernamen genannt und machten sich bei ihrer Pantomime zum Affen. Für einen Moment vergaßen sie ihre Sorgen. Das tat gut. Ohne die anderen wäre es unerträglich gewesen, hier in dieser dunklen Welt gefangen zu sein, aber gegenseitig gaben sie sich Kraft. Das Echo ihres Lachens hallte noch lange über den See.

Erst beim Essen wurden sie wieder stiller. Alle hatten Hunger. Alle waren nervös. „Hey! Schmatzendes Eichhörnchen!", sagte Leon zu Dennis, doch er reagierte nicht. Er schien mittlerweile mit seinen Gedanken wieder ganz woanders zu sein. Ruben tippte Dennis an, woraufhin dieser aufschreckte. „Was ist los?", fragte Ruben, als er Dennis' besorgtes Gesicht bemerkte. Dennis schwieg kurz, als müsse er sich erst wieder darauf konzentrieren, mit wem er hier eigentlich saß.

Dann erklärte er: „Ich muss los. Es wird Zeit. Ich kann es nicht mehr aufschieben. Ständig habe ich diese Stimme im Kopf, die mir sagt, dass ich das dunkle Zeichen mit dem schwarzen Blut der Erde füllen muss." Dabei kramte er in seinen Taschen und zog die Flasche mit dem Erdöl hervor. „Es tut mir leid. Ich muss los", wiederholte er.

„Du hast es uns schon erklärt", begann Ruben, „aber so richtig habe ich es noch immer nicht verstanden. Warum hast du solche Angst vor dem grünen Nebel?" Dennis blickte eine Weile nach unten. Dann hob er den Kopf, atmete tief ein und begann zu erzählen. „Ich kam damals alleine in diese Welt, doch alleine hätte ich nicht lange überlebt. Tobias hat mich gefunden und mir geholfen. Er war schon viel länger hier gewesen als ich. Als wir uns trafen, konnte er nicht sprechen und er wusste auch nicht, woher er gekommen war und wer er war. Lange bevor wir uns getroffen haben, hat der grüne Nebel ihn berührt."

Dennis machte eine Pause. Neugierig fragte Sophie: „Ich hatte auch Angst vor dem grünen Nebel, aber was passiert eigentlich, wenn er einen erwischt? Wird man dann vergiftet?"

Dennis schüttelte den Kopf und fuhr dann fort: „Nein, nicht so ganz. Der Nebel raubt dir deine Erinnerungen, alles, was du weißt, was du gelernt hast. Je länger er dich einhüllt, desto zerstörerischer wirkt er. Deswegen konnte Tobias auch nicht reden und wusste nicht, wer er war."

„Ich verstehe das nicht", hakte Ruben nach. „Wenn der Nebel uns vernichten will – warum holt er uns dann überhaupt hier her?" Mit ernster Miene erklärte Dennis: „Das habe ich vor einem Jahr auch nicht gewusst. Nichts hat Sinn ergeben. Aber jetzt habe ich es verstanden. Das Tor und der Nebel, sie gehören nicht zusammen. Sie bekämpfen sich. Sie kämpfen um das Land hier. Es ist hier nicht immer dunkel gewesen."

Dabei wies er mit der Hand in die Weite. Leon blickte über die Ebene, die im Mondlicht zugleich angsteinflößend und geheimnisvoll aussah. Sophie deutete auf einen silbernen Streifen am Horizont und entgegnete: „Aber da drüben sieht es doch so aus, als würde gleich die Sonne aufgehen!"

„Ja", bestätigte Dennis, „die Dunkelheit verliert langsam ihre Macht. Und wenn ich das Ritual durchführe, dann wird die Dunkelheit besiegt sein und das Land ist wieder frei."

Doch Ruben hakte noch einmal nach: „Was meinst du damit: Das Tor und der Nebel bekämpfen sich? Und auf wessen Seite stehst du? Für welche Seite sollen wir kämpfen?

Ein unsicheres Lächeln flog über Dennis' Gesicht, als er fortfuhr: „Ich hoffe für die richtige. Das Tor hat mich in diese Welt gerufen. In meinen Visionen habe ich gesehen, was ich zu tun habe." Er hielt die Flasche mit dem Erdöl hoch, die er noch immer in der Hand hielt, und murmelte: „Das schwarze Blut der Erde … Ich muss es in die Rillen eines Zeichens gießen, das in den Fels gehauen worden ist."

„Weißt du denn, wo du dieses Zeichen findest?", fragte Ruben. Dennis nickte. Er stand auf und deutete dann in eine Richtung. „Ganz oben auf dem höchsten Punkt des Kalksteinbergs. Bei klarem Wetter kann man die Umrisse des Bergs sogar in dieser Dunkelheit von Weitem sehen."

Gleichzeitig erhoben sich auch Ruben, Leon und Sophie. Ruben legte Dennis die Hand auf die Schulter und nickte ihm zu. „Na dann los!", sagte er bestimmt. Dennis blickte die drei an. Dann zeigte sich ein dünnes Lächeln auf seinem Gesicht. „Danke", sagte er.

5. Lasse einen Lernpartner auf S.54 eine Zeichnung zu der eingerichteten Höhle malen, wie du sie in deinem Text auf S.49 und S.50 beschrieben hast. Wenn es niemanden gibt, dem du dein Buch anvertrauen möchtest, kannst du es auch selbst zeichnen.

6. Erstelle in M21 eine Checkliste zum Bild, die genau zu deiner Beschreibung passt. ➜ M21

7. Überprüfe die Zeichnung mit Hilfe der Checkliste.

8. Lass die Zeichnung überarbeiten / überarbeite sie selbst.

9. Arbeite mit deiner Übungskartei. ➜ M06

Kapitel 8

Nachdem sie alles zusammengepackt hatten, verließen die vier ihr Lager am See und brachen auf. Ihr Ziel, der Kalksteinberg, war nun weithin über die Ebene sichtbar, denn der Wind hatte sich gelegt und die Luft war klar. Im Mondschein hob sich der Berg gespenstisch vom finsteren Himmel ab.

Sie kamen nur langsam voran. Ruben spielte zwar den Tapferen, aber die anderen sahen, wenn sein Bein wieder anschwoll und er sich quälte. Auch Sophie fiel es schwer, mit dem Tempo der anderen mitzuhalten. Meist war es Dennis, der dann vorschlug, eine Rast einzulegen.

Doch auch Leon war dankbar um jede Pause, denn auch ihm machte der starke Wind zu schaffen, der bald nach ihrem Aufbruch wieder angehoben hatte. Er blies ihnen ins Gesicht und zerrte an ihren Klamotten, als wolle er sie vom Weiterlaufen abhalten.

Der sandige Boden wurde aufgewirbelt und verwehrte ihnen erneut die Sicht auf ihr Ziel, den Kalksteinberg. Selbst der Mond verbarg sich hinter Wolken und Staub und war nach einer Weile nur noch als Schemen erkennbar. Die Jugendlichen befürchteten, sie könnten die Orientierung verlieren und sich in der Dunkelheit

1. Mache dich in M22 mit den schwierigen Wörtern aus Kapitel 8 und 9 vertraut. → M22

2. Lies zuerst die Kapitel 8 und 9 und schreibe dir dabei alle Wörter, die du nicht kennst, auf je eine farbige Karteikarte. Schreibe die Bedeutung auf deren Rückseite. → M06

3. Wenn du dir einen Überblick über die beiden Kapitel verschafft hast, sammle mögliche Kapitelüberschriften. Vergleiche wenn möglich mit einem Lernpartner.

4. Wähle die jeweils passendste Überschrift aus und trage sie als Kapitelüberschrift ein.

5. Bearbeite die Aufgaben der beiden Kapitel in der vorgegebenen Reihenfolge.

verirren. Selbst Dennis, der sonst meist den Eindruck erweckte, Herr der Lage zu sein, wirkte unsicher. Der Wind wurde immer stärker.

„Wir sollten rasten", schlug Ruben daher vor. „Nur noch ein Stück", sagte Dennis und sah sich nach etwas um, das ihnen Schutz vor dem Wind bieten konnte. Wie aus dem Nichts tauchte da ein riesiger Felsen vor ihnen auf, den man in der tiefen Dunkelheit nicht hatte sehen können. Majestätisch erhob er sich aus dem sandigen Boden.

In dem Moment, da sie ihn entdeckten, zog eine dichte Wolke weiter, hinter der der Mond verborgen gewesen war. Im plötzlichen Licht des Mondes schien der Felsen zu glitzern und seltsam strahlend zu glänzen. „Wow", staunte Sophie, „das sieht unglaublich schön aus. Wie eine dunkle, funkelnde Krone im Sand." Auch Leon war beeindruckt. Es war ein atemberaubender Anblick.

Leon war erleichtert. Hier konnten sie sich ausruhen. Der Felsen strahlte ein Gefühl von Geborgenheit aus. Die vier liefen schnell darauf zu, um einen windgeschützten Rastplatz zu finden. Als sie den Felsen erreicht hatten, streckte Leon die Hand danach aus. Er ließ seine Finger über die raue und scharfkantige Oberfläche des Felsens gleiten.

„Schaut mal!", sagte Sophie und hielt einen abgesplitterten Stein in das Mondlicht. „Es sieht aus, als würde er funkeln." Sie stopfte sich den Stein in die Hosentasche und suchte nach weiteren Schätzen. Leon kannte das bereits: vor der Tür ihres Elternhauses türmten sich Berge an Tannenzapfen, kleinen Kieseln und Kastanien, die Sophie regelmäßig anschleppte, bis ihre Mutter sie dann unauffällig wieder entsorgte.

Aber hier waren sie nun einmal nicht zu Hause, hier mussten sie achtsam mit ihren Kräften umgehen. Leon sagte daher mit seiner großer-Bruder-Stimme: „Lass das doch, wir haben genug zu schleppen!" Doch Sophie zog trotzig die Mundwinkel nach unten, setzte ihre Suche nach weiteren Schätzen fort und verschwand aus ihrem Blickfeld. Die anderen ließen sich im Windschatten des Berges nieder und schüttelten sich den Sand aus den Haaren.

☐ Dennis holte das Essen, das er von zu Hause mitgebracht hatte, aus seinem Rucksack. Er und seine Begleiter konnten sich stärken, bevor der kräftezehrende Marsch weitergehen sollte.

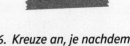

6. Kreuze an, je nachdem, was dein Dennis einge-packt hat:

☐ Die wenigen Vorräte, die Dennis mitgebracht hatte, waren bereits aufgebraucht. Vom Lagerplatz hatte er daher Pilze und Wurzeln mitgenommen, doch nun mussten sie auch damit sparsam umgehen, denn es musste für alle reichen. Hier in der Gegend gab es nichts Essbares. Dennis verteilte kleine Portionen an seine Begleiter.

Während sie aßen, hörten sie Sophie plötzlich aufgeregt rufen: „Ich hab was entdeckt! Schaut mal! Schnell!" Leon verdrehte die Augen und seufzte genervt: „Die Detektivin hat mal wieder was unglaublich Aufregendes gefunden. Besser ich werfe einen Blick auf ihre atemberaubende Entdeckung, sie wird vorher sowieso keine Ruhe geben."

Mit diesen Worten stand Leon auf und folgte der Stimme seiner Schwester. Er kletterte über scharfkantiges Geröll, das einen riesigen Haufen bildete. Hier musste einmal ein Teil des Felsens eingestürzt und in viele Einzelteile zersplittert sein. Wie ein riesiger, schwarzer Scherbenhaufen lagen die Steine eng ineinander verkeilt.

Leon schob sich durch einen Spalt zwischen der Felswand und einem riesigen herabgefallenen Felsbrocken. Dann sah er Sophie, die hinter einen der massigen Steine spähte. Ihr Gesicht wurde hell angeleuchtet. „Woher kommt denn das Licht?", fragte Leon überrascht. Sophie antwortete nicht, doch als er sich näherte, sah er es selbst. Verborgen hinter riesigen Steinblöcken lag der Eingang zu einer Höhle. Das Geröll hatte ihn fast verschüttet, aber durch einen schmalen Spalt konnte man in das hell erleuchtete Innere schauen. Was er dort sah, raubte ihm fast den Atem.

„Kommt echt mal schnell her, das sieht irre aus!", rief er den anderen beiden aufgeregt zu.

Nachdem auch sie dazugestoßen waren, standen alle vier zunächst eine Weile andächtig da und staunten. Mit so viel Schönheit hatte in dieser Welt niemand gerechnet! „Es sieht aus, als wäre die Höhle lebendig", staunte Sophie verzaubert. Leon sah die Faszination in Dennis' Gesicht. So erstaunt und neugierig hatte Leon ihn noch nie gesehen. Wie zu sich selbst murmelte Dennis: „Von dieser Höhle hat mir Tobias nie etwas erzählt. Wahrscheinlich hatte er sie damals gar nicht entdeckt. Das Licht sieht man ja auch nur, wenn man hinter den Felsen schaut."

Leon machte ihm Platz, denn Dennis schien sich sehr für das Innere der Höhle zu interessieren. Ruben sah Leon an und murmelte: „Wie in ‚Glorious Adventure of Amaldanus', oder?" Leon grinste und nickte. „Wenn das mal keine Falle ist", bestätigte er. Ruben verschränkte die Arme und sagte siegesgewiss: „Da hat sich das Zocken doch echt bezahlt gemacht. Wir sind vorgewarnt!"

Dann wandte Leon sich wieder der Höhle zu und sah gerade noch, wie Sophie sich durch den engen Spalt wand, der in das Innere führte. „Ich bin gleich wieder da", hörten sie Sophie nuscheln. Leon war starr vor Schreck. „Nein!", rief er energisch und versuchte sie zurückzuhalten, doch sie hatte sich schon weiter durch den schmalen Eingang vorgearbeitet. Leon wollte ihr folgen, kam jedoch nicht durch den engen Spalt hindurch. Wütend gab er auf und wand sich wieder heraus.

„Wenn dir da drinnen was passiert, können wir dir verdammt nochmal nicht helfen, wir passen da nicht durch!", schrie Leon. „Komm endlich raus!" Verzweiflung kroch in ihm hoch. Er hatte doch die Verantwortung für sie! „Verdammt, Sophie, nicht schon wieder! Du baust nur Mist!", schrie er und schlug wütend mit der flachen Hand gegen den Felsen.

Doch Sophie hörte nicht. Leon sah, wie sie ehrfürchtig nach oben an die hohe Decke blickte, an der unzählige leuchtende Pflanzen wuchsen, deren Licht sich in blau schimmernden Kristallen tausendfach spiegelte. Selbst von draußen betrachtet wirkte die Höhle wie ein riesiger, feierlich erleuchteter Saal.

Sophie kam ein kleines Stück auf Leon zu. Einen so ehrfürchtigen Gesichtsausdruck hatte er bisher nur ein einziges Mal bei ihr gesehen, damals auf ihrer Islandreise mit ihren Eltern. Sie hatten Wale beobachtet. Als ein riesiger Wal neben ihrem Boot aus dem Wasser aufgetaucht war, war allen der Atem gestockt. Andächtig hatten sie auf das majestätische Tier gestarrt, bis es wieder in den Tiefen des Meeres verschwunden war.

Genauso ehrfürchtig und klein wie damals musste sie sich jetzt wohl in dieser riesigen, heiligen Halle fühlen.

„Ich wünschte du könntest auch hineinkommen", sagte Sophie. „Man kann es als Kribbeln auf der Haut spüren, dass der Raum hier ganz geheimnisvoll und magisch ist."

Leon hätte ihr diesen Moment gerne gegönnt, aber er machte sich Sorgen. Daher rief er: „Komm endlich raus!". Doch Sophie konnte sich offensichtlich nicht von dem Anblick lösen, der sich ihr bot.

7. Bearbeite die Aufgaben in M23. ⟶ M23

8. Beschreibe, was Sophie dort in der Höhle sieht. Nimm das Coverbild als Vorlage. Verwende dabei mindestens vier Partizip II-Formen aus deiner Aufgabe in M23. ⟶ ✎

Leon beobachtete, wie Sophie vorsichtig die Hand nach den Zeichen an der Wand ausstreckte, dann aber innehielt, als könne sie bei einer Berührung einen elektrischen Schlag bekommen. Sie zog die Hand zurück. Langsam ging sie die Wände ab. Als sie aus Leons Blickfeld verschwand, rief er besorgt: „Wohin gehst du denn jetzt?" „Hier sind überall ganz viele verschiedene Schriftzeichen", antwortete sie. „Ich will nur schauen, welche ich noch finde. Hier gibt es sogar welche, die werden von oben nach unten geschrieben."

Nach einer kurzen Pause hörte er ihre Stimme erneut: „Cool, hier hat jemand kleine Tiere und andere Zeichen gemalt, statt mit Buchstaben zu schreiben."

Offensichtlich hatte dies Dennis' Neugier noch mehr geweckt. Er rief in die Höhle hinein: „Sind die Symbole in den Fels gemeißelt oder gemalt worden?" „Ganz unterschiedlich", antwortete sie. Der Hall ihrer Worte in der Höhle verriet, dass sie sich immer weiter vom Eingang entfernte.

Plötzlich hörte Leon einen spitzen Schrei. Sofort rief er von drau-ßen: „Alles okay?" „Ja", antwortete Sophie, „alles super." Doch das reichte Leon nicht: „Warum hast du dann geschrien?" „Das ist so krass", antwortete Sophie aufgeregt mit piepsiger Stimme. „Ich habe einen Text gefunden und den kann ich lesen! So cool, das könnt ihr euch gar nicht vorstellen!"

Jetzt war Dennis' Interesse wohl endgültig geweckt. Vielleicht er-hoffte er sich Antworten auf all seine Fragen, die ihn seit einem Jahr verfolgten. „Was steht denn da?", rief er aufgeregt in die Höhle hin-ein, doch als Antwort kam nur: „Moment! Ich muss ja erst lesen! Hetz mich nicht!"

„Ich muss da rein!", presste Dennis hervor. Mit aller Kraft begann er, an den Geröllbrocken zu ziehen, um den Eingang freizulegen. „Hilf mir mal", bat er. Doch Leon hielt ihn zurück und sagte ärger-lich: „Hör auf! Ich habe Angst, dass das Geröll ins Rutschen kommt und Sophie da drinnen eingesperrt wird."

Einen Moment lang sah Dennis Leon an, als wolle er protestieren, doch dann nahm er die Hände vom Felsen zurück. „In Ordnung", gab sich Dennis einverstanden, „dann warten wir hier bis Sophie herauskommt. Aber dann ziehen wir alle gemeinsam! Auf so eine Chance habe ich so lange warten müssen!"

Kapitel 9

Der Wind hatte sich inzwischen gelegt. „Lange halte ich das nicht mehr aus", seufzte Leon. „Sie ist schon eine Ewigkeit da drin!" Wie schon unzählige Male zuvor stand er auf, spähte durch den Spalt und fragte: „Alles in Ordnung?" Und wie schon unzählige Male zuvor kam als Antwort ein langgezogenes „Ja!" aus der Höhle. Leon setzte sich wieder neben Dennis und band sich nervös die Schnürsenkel.

1. Im folgenden Absatz stehen alle unterstrichenen Nomen in einem bestimmten Fall. Trage diesen in M24a ein und bearbeite dort die Aufgaben. ⟶ M24a 🗝

Dennis brachte das Gespräch zurück auf den Weg, den sie noch vor sich hatten. „Hier müssen wir hin", begann er. Dabei nahm er einen Stock. Direkt vor seine Füße zeichnete er damit einen Berg in den Sand.

Dann zog er zwei senkrechte Striche, die jeweils zwischen den Jungen begannen, um die Karte in drei Bereiche einzuteilen.

Ein wenig weiter entfernt als der Berg in Leons Bereich zeichnete er ein Kreuz ein. „Hier sind wir", erklärte er. Er streckte sich noch weiter und zeichnete ebenfalls auf der Höhe von Leon etwas, das entfernt an einen Teich erinnerte. „Das da war unser Lagerplatz am See", erläuterte er.

Dann streckte er den Stock noch weiter aus und malte im Bereich vor Dennis selbst ein Tor in den Sand. „Hier ungefähr müsste das Tor wiederzufinden sein, hinter den Nebelfeldern", fuhr er fort und malte senkrechte Schlangenlinien in den Sand, die die Nebelfelder darstellen sollten. „Zwischen dem See und dem Tor liegt ein dichter Wald", ergänzte er. Ihn deutete er durch die Umrisse einiger Bäume an.

In der gleichen Entfernung wie zum Lagerplatz am See malte er nun einen weiteren See im Bereich vor Ruben. „Diesen See kenne ich selbst nicht, aber To hat mir erzählt, dass darin ein gefährliches Wesen wohnt, das jeden in den Abgrund zieht, der sich ihm nähert. Aber das nur zur Info, falls wir uns aus irgendwelchen Gründen verlieren sollten. Haltet euch also unbedingt fern vom grünen See!" Dann zog er eine geschlängelte Linie durch die Fläche zwischen Rubens Füßen und dem gefährlichen See. „Das hier soll ein Fluss sein. Wenn ihr auf ihn stoßt, seid ihr gewarnt, dann wisst ihr, dass das Ungeheuer im See nicht weit ist.

Ruben, der neben Dennis saß, schaute zu Leon hinüber und murmelte: „Wie das Seeungeheuer im Videospiel!" Doch Dennis fuhr unbeirrt fort: „Für uns ist erst einmal dieser Teil wichtig." Beginnend bei Leons Füßen füllte er die Fläche in Leons Bereich bis zu ihrem momentanen Aufenthaltsort mit Wellenlinien und erklärte:

„Hier ist .... Wald." Dann setzte er ab und stach kleine Punkte in .... Fläche zwischen ihrem Ziel und .... momentanen

2. Setze hier jeweils den bestimmten Artikel im richtigen Fall ein. Bearbeite dafür die Tabelle in M24b.
→ M24b 🔑

Standort und erklärte: „Hier sind einfach nur staubiger Sand und Felsen. Die wenigen Pflanzen .... Gebiets bieten kaum etwas Essbares.

Dann blickte er nach rechts und nach links zu seinen Begleitern und sagte: „Jetzt müssen wir uns entscheiden, ob wir durch den Wald weiterlaufen oder über die sandige Ebene. Leon, den nicht einmal ein Tropenstrand an kristallklarem Wasser locken konnte, weil er das Kribbeln von Sand auf der Haut nicht ausstehen konnte, meinte sofort: „Wald! Auf jeden Fall durch den Wald." Ruben pflichtete ihm bei: „Der Wind kommt sicher wieder auf. Ich habe auch echt keinen Bock mehr auf Staub in den Augen. Im Wald ist es

3. Setze hier jeweils den unbestimmten Artikel ein. Bearbeite dazu zunächst M24c.

→ M24c 🔑

geschützter." Dabei deutete er auf das Waldgebiet in der gezeichneten Karte. Dennis nickte.

Ruben forderte Leon auf: „Mach doch mal .... Foto von der Karte, falls wir uns aufteilen müssen."

Leon verdrehte die Augen und sagte dann mit der Stimme .... Menschen, der etwas Unangenehmes eingestehen muss: „Verlieren ist .... gutes Stichwort … Mein Handy muss mir aus der Tasche gefallen sein, als wir vor dem Nebel weggerannt sind. Auf jeden Fall ist es jetzt weg." Ruben verdrehte die Augen, sagte aber nichts. Dennis griff in seine Tasche, die auf .... Stein lag, und holte sein Handy hervor. Er schaltete den Blitz ein und machte ein Foto.

15 Da endlich tauchte Sophie auf. Sie zwängte sich durch den Spalt nach draußen. Leon sprang auf und half ihr. Sie war ganz aufgeregt. „Leute, das glaubt ihr nie!", rief sie, während sie sich setzte. Dann fuhr sie fort: „Da drinnen sind mega viele Schriftzeichen von ganz verschiedenen Menschen, die alle mal in der Höhle gewesen sind.
20 Und alle haben total krasse Dinge herausgefunden über die Welt hier!" Dabei breitete sie ihre Arme aus, um die Tragweite ihrer Aussage zu unterstreichen. „Und es gibt dort drinnen wunderschöne Kristalle!" Dabei hielt sie einen blau leuchtenden Kristall hoch, der an einer Seite spitz zulief. „Wunderschön, oder?", fragte sie und ließ
25 ihn dabei in ihrer Hosentasche verschwinden. „Den hebe ich mir auf. Da drinnen steht, dass er magische Kräfte hat und Energie verleihen kann."

Ruben zog .... Stirn in Falten. .... Stimme klang ernst, als er misstrauisch fragte: „Wie hast du das denn alles lesen können?" Ein breites Grinsen machte sich auf ....

4. Setze hier jeweils das passende Possessiv-pronomen ein. Bearbeite dazu zunächst M24d.

→ M24d

Gesicht breit und Sophie verkündete: „Da drinnen ist jemand einge-schlossen worden, als ein weißes Licht vom Himmel den Höhlen-eingang zum Einsturz gebracht hat! Der hat dann .... Zeit genutzt, um sich alles anzusehen. Wasser gibt's in der Höhle und Pflanzen auch. Das Fleisch .... Früchte schmeckt echt gut. Steht da jedenfalls. Also ich hab' nicht probiert …" Dabei zog sie .... Schultern ahnungslos hoch.

„Und wie ist er dann wieder hinausgekommen?", fragte Leon. „Gar nicht", antwortete Sophie und fuhr sich dabei mit dem Finger quer über den Hals, um das Schicksal des Verschütteten zu verdeut-lichen. „Aber vorher hat er die Zeit genutzt und alte Schriften ent-ziffert. Und alles, was er herausgefunden hat, steht jetzt an der Wand. Total spannend!"

Dennis hatte die ganze Zeit auf diesen Moment gewartet. Nun fragte er ungeduldig: „Was genau hast du über das Tor und die dunklen Mächte in dieser Welt erfahren?" Leon sah unauffällig zu Ruben hinüber und er schien dasselbe zu denken wie Leon. Rubens Frage hatte merkwürdig geklungen, die Worte hätten auch auf der Rückseite einer Computerspiel-Verpackung stehen können.

„Also", begann Sophie und genoss es offensichtlich, dass sie den anderen gegenüber einen Wissensvorsprung hatte. Als sie fortfuhr, klang ihre Stimme, als wolle sie erwachsen wirken: „Der grüne Nebel ist wohl gar nicht so schlimm." Obwohl Dennis sie daraufhin mit zusammengezogenen Brauen ungläubig ansah, fuhr sie unbeeindruckt fort: „Also jedenfalls nicht, wenn man in guter Absicht kommt. Alle anderen sind Feinde und werden auch als solche behandelt." „Na super, das ist ja echt beruhigend!", meinte Leon.

Dennis blickte noch immer skeptisch. Sein Zweifel an Sophies Erklärung zeigte sich in einer tiefen Falte auf seiner Stirn. Kritisch bohrte er nach: „Aber warum sollten To und ich Feinde für den Nebel gewesen sein? Das macht doch echt keinen Sinn! Wir haben nichts gemacht! Trotzdem hat der Nebel alles in Tos Kopf durcheinander gebracht – er konnte sich danach an nichts mehr erinnern, was vorher sein Leben gewesen war."

Dennis machte eine Pause. Dann blickte er in die Runde und fuhr leise fort: „Ihr könnt euch das bestimmt nicht vorstellen, aber das ist, als würde man sich selbst verlieren. Man kann sich an alles, was einen selbst ausmacht, einfach nicht mehr erinnern. To wusste nicht einmal mehr, woher er kam oder wie er hieß! Tobias hieß er eigentlich, aber das haben wir erst später und nur durch Zufall herausbekommen, sonst wären wir für immer hier gefangen gewesen. Das ist krass, wenn du dich selbst nicht mehr kennst, wenn du keine Vergangenheit mehr hast. Wenn du niemand mehr bist, niemanden mehr hast …"

Sophie ließ sich von Dennis' Bemerkung nicht aus ihrer Erklärerrolle herausbringen. Langsam und deutlich fuhr sie unbeirrt fort: „Man muss sich ja auch irgendwie besonders verhalten, wenn man zum Nebel geht. Als Erkennungsmerkmal muss man zum Beispiel ein Samenkorn von einer leuchtenden Pflanze dabei haben. Und man darf nichts sagen oder so ähnlich." „Oder so ähnlich?", unterbrach Dennis Sophies Erklärung aufgebracht und blickte sie dabei irritiert an. „Ja, irgendwie so", gab Sophie zurück.

5. Nutze die Tabellen in M24b-d und setze hier die fehlenden Artikel und Pronomen im richtigen Fall ein. → M24b-d 🔑

Dennis reichte ihr .... Handy und bat sie diplomatisch:

„Mach lieber mal Fotos von .... Texten an der Wand. Es ist wirklich unglaublich wichtig, dass du kein Detail vergisst!" Damit war Leon nicht einverstanden, denn er wollte verhindern, dass _____ Schwester noch einmal in die Höhle kroch. Als Sophie nach dem Handy greifen wollte, drängte er sich dazwischen. Dabei stieß er heftig an Dennis' Arm, dem daraufhin _____ Handy aus der Hand rutschte. Mit _____ Display voran knallte es auf _____ Spitze _____ zersplitterten Steins. Erschrocken starrte Leon auf _____ kaputte Gerät am Boden.

„Das … das tut mir echt leid, das wollte ich nicht", stammelte Leon. Er hob _____ Handy auf, doch es ließ sich nicht mehr anschalten. Dennis atmete tief ein. Nach _____ kurzen Pause sagte er in ruhigem Ton: „Wir sind alle echt fertig, ist schon okay. War ja keine Absicht. Aber Leon", fuhr er fort und trat einen Schritt näher auf ihn zu, „es ist wirklich verdammt wichtig, dass wir genau wissen, was dort an der Wand steht."

Er legte Leon die Hand auf die Schulter und sagte: „Ich habe keine Schwester, aber ich kann mir vorstellen, wie es sich für dich anfühlen muss, wenn sie noch einmal dort hineingeht. Aber es ist wichtig. Wirklich."

Dann blickte er zu Sophie und bat: „Schreib bitte alles Wichtige auf deinen Notizblock." Sophie nickte und wandte sich schon der Höhle zu, als Leon sie am Arm hielt. „Pass auf dich auf", sagte er leise. Dann grinste er schief und ergänzte: „Und lass mir ein Blatt von deinem Block und einen Stift da. Das Foto von der Landkarte ist ja jetzt hin."

Die Jungen setzten sich wieder an ihre alten Plätze und warteten ungeduldig auf Sophie. In der Zwischenzeit zeichnete Leon die Karte ab.

6. *Jetzt kommt echte Detektivarbeit: Unterstreiche auf den Seiten 26 und 42 alle Hinweise über die Schuhe der drei Jungen. M3 hilft dir beim genauen Lesen.* → M3

7. *Beschrifte nun in der unteren Zeichnung, wer wo sitzt. Die von dir unterstrichenen Hinweise zu den Schuhen helfen dir.*

8. *Zeichne die Landkarte nach Dennis' Beschreibung in den unteren Teil des Bildes ein.*

9. *Überprüfe deine Zeichnung mit Hilfe der Lösung in M25.* → M25

10. *Überarbeite deine Zeichnung.*

11. *Arbeite mit deiner Übungskartei.* → M0b

Kapitel 10

Wieder kam es Leon wie eine Ewigkeit vor. Dann endlich kam Sophie aus dem Höhlenspalt herausgekrochen. In den Händen hielt sie ihren Notizblock. „Gib mal her", bat Dennis, der gleich bei ihrem Erscheinen gespannt aufgesprungen war. Auch Leon erhob sich, schaute Dennis über die Schulter und las mit.

der Nebel
trage in deinen Händen
einen leuchtenden Kristall,
eine Träne der Mutter Erde
und den Samen
einer leuchtenden Blume
tritt in den Nebel
und sage nichts Böses
der Nebel wird dein
Freund sein

1. Mache dich in M26 mit den schwierigen Wörtern aus Kapitel 10 und 11 vertraut.   → M26

2. Lies zuerst die Kapitel 10 und 11 und schreibe dir dabei alle Wörter, die du nicht kennst, auf je eine farbige Karteikarte. Schreibe die Bedeutung auf deren Rückseite.   → M06

3. Wenn du dir einen Überblick über die beiden Kapitel verschafft hast, sammle mögliche Kapitelüberschriften. Vergleiche wenn möglich mit einem Lernpartner.

4. Wähle die jeweils passendste Überschrift aus und trage sie als Kapitelüberschrift ein.

5. Bearbeite die Aufgaben der beiden Kapitel in der vorgegebenen Reihenfolge.

Eine Weile lang starrten alle auf den Zettel. Dann ergriff Dennis das Wort.

6. Bearbeite M27. ➡ M27

7. Schreibe die Argumentation, die du in
   M28 erarbeitet hast, im Folgenden auf. ✏

Er gab zu bedenken: „..........................

....

....

....

....

5 ....

....

....

                                                        „

....

Doch Sophie schüttelte energisch den Kopf und sagte: „........

10 ....

....

....

....

....

                                                        „

15 ....

Dann machte Sophie eine kurze Pause. Sie schaute in die Runde.
Leon spürte, dass sie sich Zustimmung von ihm erhoffte, doch er war
nicht überzeugt. Er konnte ihr nicht beistehen. Also fuhr sie fort:

„..

20 ....

....

....

....

                                                        „

....

Dennis atmete tief ein. Als er sprach, klang seine Stimme freundlich, aber bestimmt: „...

....

....   5

....

                                                                                                    "
....

Offensichtlich wollte er Sophie nicht verletzen, doch Dennis ließ keinen Zweifel daran, dass er Sophies Theorie für falsch hielt. Trotzdem schaute er noch einmal auf den Notizblock, den er noch immer in seinen Händen hielt. Dabei schüttelte er fortwährend den Kopf.

8. Bearbeite M28 „Zeichensetzung in der wörtlichen Rede". ➙ M28

9. Ergänze im folgenden Gespräch die Zeichensetzung. Die farbig gedruckten Teile sind die direkte Rede.

Der muss sich geirrt haben murmelte er. Wieder blickte er auf das Blatt. Das Tor sagte er ernst will die Dunkelheit vertreiben! Ich soll ihm dabei helfen! Ich weiß es! Sophie riss ihm ihren Notizblock aus der Hand und widersprach ihm Nein! Das Tor hat die Dunkelheit erst in diese Welt gebracht! Das Tor ist der Böse und nicht der Nebel. Der wehrt sich nur! Was   20 meint ihr denn?

Dabei wandte sie sich an Ruben und Leon, die sich bisher aus dem Streit herausgehalten hatten, und forderte sie auf Sagt doch auch mal was!

Naja begann Leon und versuchte seiner Schwester deutlich zu   25 machen, warum er nicht auf ihrer Seite stehen konnte. Behutsam fuhr er fort Dennis ist schon hier gewesen. Er kennt sich hier besser aus als wir.

Ach Leute! Quatsch! stieß Sophie verzweifelt hervor, denn sie schien zu merken, dass sie mit ihrer Meinung alleine stand. Mit   30 Nachdruck in der Stimme sagte sie Die Texte in der Höhle – die stammen von echt vielen Menschen. Alle waren dem Geheimnis auf der Spur. Und alle sind der gleichen Meinung. Das Tor ist der eigentliche Feind! Nur Dennis rafft das nicht! Aber ich kam auch noch gar nicht dazu, euch alles zu erzählen.

Sie machte eine Pause und blickte einen nach dem anderen eindringlich an. Dann fuhr sie fort Diese Welt war ein friedlicher Ort. Ja, okay, etwas merkwürdig vielleicht, mit leuchtenden Pflanzen und magischen Steinen und so, aber friedlich. Und dann tauchte diese weiße, helle Gestalt am Himmel auf. Die hat alles dunkel gemacht und sich selbst dann in das Tor verwandelt. Und das Tor kontrolliert jetzt den Zugang zu dieser Welt und zapft magische Energie ab!

Nein widersprach Dennis und erhob dabei genervt die Hand, um zu zeigen, dass er nun dran war und die Sache richtigstellen wollte, warum sollte das Tor denn so etwas tun? Es beschützt unsere echte Welt auf der anderen Seite des Tors vor der Dunkelheit! Sonst würde sich das Dunkle weiter ausbreiten!

Sophie stemmte herausfordernd die Arme in die Seiten und entgegnete aufgebracht Das kann ich genauso sagen! Warum sollte das Tor denn unsere Welt beschützen? Magische Energie klauen klingt doch verlockender als Weltrettungsaktionen. Ist doch so! Dabei zog sie ihre Schultern hoch und blickte erwartungsvoll zu ihrem Bruder, von dem sie sich Unterstützung erhoffte.

Doch Leon blieb weiterhin reglos stehen und zog unsicher die Mundwinkel herunter. Er war unschlüssig. Woher verdammt sollte er denn auch wissen, wer Recht hatte? Irgendwie klangen beide Erklärungen völlig absurd. Trotzdem erschien es ihm sinnvoller, Dennis zu folgen, denn im Gegensatz zu Sophie hatte Dennis Erfahrungen in dieser Welt gesammelt. Sophie hingegen verrannte sich oft in ihren verrückten Ideen. Während Leon noch nach diplomatischen Worten suchte, um seiner Schwester nicht auf die Füße zu treten, schaltete sich Ruben ein Das hat doch alles keinen Sinn, so kommen wir nicht weiter. Wir brauchen Beweise.

Die haben wir doch! rief Sophie. Die Höhle wimmelt nur so von Beweisen! Doch Dennis blieb ebenso unnachgiebig Ich schlage vor, wir testen unsere Theorien. Wenn ich das dunkle Blut der Erde in die Form gieße …

… ist es zu spät! unterbrach ihn Sophie. Dennis verdrehte die Augen und schlug sich die Hände vor das Gesicht. Als er weitersprach, konnte man deutlich hören, dass seine Geduld bald am Ende war Wenn du es schaffst, mit diesem Nebel-Pflanzen-Ding Freundschaft zu schließen, bevor ich bei dem Zeichen im Stein angekommen bin, dann wissen wir, dass du Recht hattest. Dann kannst du weiter in deiner rosaroten Kinderwelt leben und Freundschaftsarmbänder knüpfen. Während er fortfuhr, blitzte der Zorn in seinen Augen. Wenn nicht, werde ich mich bestimmt nicht von einem kleinen Mädel mit Zöpfchen aufhalten lassen! Dann werde ich verdammt noch mal meinen Auftrag ausführen. Dafür bin ich schließlich hier! Deshalb habe ich diesen Weg gewählt, habe mein Zuhause verlassen und alles riskiert, was ich habe. Für mich gibt es kein Zurück!

Mit diesen Worten drückte er Sophie ihre Aufzeichnungen in die Hand und wandte sich von ihr ab. Mit entschlossenen Schritten ging er weiter. Sophie blieb stehen, presste ihren Notizblock an ihre Brust und starrte entrüstet ihren Bruder an. Dieser versuchte jedoch wie immer, die Situation zu entschärfen und zu vermitteln.

„Wir gehen erst einmal mit", schlug Leon ihr versöhnlich vor, „und dann wird sich schon alles irgendwie zeigen. Hier können wir sowieso nicht bleiben." Ohne ihre Antwort abzuwarten, wandte Leon sich um und folgte Dennis. Fassungslos blieb Sophie stehen. „Komm", sagte Ruben, der nun neben ihr stand, sanft. „Wenn wir die Wahrheit erfahren wollen, bleibt uns sowieso nichts anderes übrig."

„Okay", gab Sophie nach und nickte kaum merklich, „aber dann schauen wir, wer Recht hat, sobald wir den grünen Nebel wieder sehen. Einen leuchtenden Kristall habe ich schon." Dabei präsentierte sie stolz ihr funkelndes Mineral, das sie aus der Höhle mitgebracht hatte. Dann fuhr sie fort: „Ein Samenkorn zu finden sollte eigentlich auch kein Problem sein. Spätestens im Wald. Und was das dritte ist, die Träne der Mutter Erde, das finde ich auch noch raus! Also los! Die werden schon noch sehen, wer Recht hat!"

Kapitel 11

Den Weg bis zum Waldrand hatten sie größtenteils schweigend zurückgelegt, denn sie hätten sich nur gestritten und zum Streiten fehlte ihnen allen im Moment die Kraft. Außerdem hatte der Wind wieder angehoben und sie hatten sich ihre Shirts über Mund und Nase ziehen müssen, um den aufgewirbelten Sand nicht einzuatmen, der schon jetzt in ihren trockenen Kehlen brannte.

Leon war erleichtert, als sie endlich den Windschatten der Bäume erreichten. Wie ein schützender Mantel legte sich die Ruhe des Waldes über sie. Auf einem umgefallenen Baum rasteten sie. Dennis bot den anderen alles an, was er noch an Nahrungsmitteln im Rucksack fand. Alle waren hungrig, doch Sophie lehnte es ab, etwas von Dennis anzunehmen.

Trotzdem lächelte er versöhnlich und meinte: „Du musst doch hungrig sein. Nimm doch." Doch Sophie winkte ab und erklärte: „Ich habe in der Höhle viel über die Pflanzen hier gelernt – ich werde mir einfach ein paar Früchte pflücken, darauf habe ich jetzt Lust. Soll ich euch welche mitbringen?" „Bleib doch hier", bat Leon, „es ist genug für alle da." Aber Sophie stand auf und im Gehen erklärte sie: „Ich muss auch noch so ein Dings – einen Blumensamen sammeln und die Träne der Mutter Erde finde ich auch noch. Bin gleich zurück."

„Nee, echt nicht. Geht's noch? Alleine in den Wald gehen … Du spinnst doch. Bleib hier!", fuhr Leon sie an. Eine Schrecksekunde lang blieb sie tatsächlich irritiert stehen, wahrscheinlich weil sie solch klare Ansagen von ihrem Bruder nicht gewohnt war. Er wusste, dass er zu oft zu nachgiebig ihr gegenüber war, aber er war ja schließlich ihr großer Bruder!

Dann fasste sie sich jedoch wieder und sagte zornig: „Ich bin kein kleines Mädchen mehr!" „Doch! Deswegen ja!", entgegnete Leon schroff.

Für einen Moment blieb sie wieder stehen, offensichtlich unschlüssig, was sie jetzt tun sollte. Leon kannte es, wenn die Wellen der Wut in Sophies Innerem tobten und sich dabei immer höher auftürmten. Noch bevor es geschah, wusste Leon, dass sie gleich davonstapfen und ihren Kopf durchsetzen würde. „Bleib hier!", rief Leon, doch anstatt der Aufforderung zu folgen, sagte sie trotzig: „Ist ja gut, hab schon verstanden, aber Pipi machen werde ich ja wohl noch dürfen! Alleine!"

Erhobenen Hauptes drehte sie sich um und Sekunden später war sie bereits im dichten Wald verschwunden. Als Leon sich erhob, um ihr zu folgen, hielt Ruben ihn am Arm zurück und meinte: „Lass sie. Soll sie ihren Willen haben, dann reagiert sie sich hoffentlich ab. Ich habe keine Nerven mehr für dieses kindische Rumgezicke. Sie kommt gleich zurück, da bin ich sicher."

Unschlüssig blieb Leon stehen und blickte in die Richtung, in der Sophie eben hinter riesigen Blättern verschwunden war. Wie ein Vorhang hatten sich die Pflanzen hinter Sophie wieder zusammengeschoben und verstellten ihm nun den Blick. Leon überkam ein ungutes Gefühl, als drücke ihm eine schlechte Vorahnung den Magen zusammen. Nervös wankte er von einem Bein aufs andere und knabberte an seinem Daumennagel.

„Setz dich wieder", riet Ruben. „Sie wird gleich wiederkommen. Gönn ihr doch diesen kleinen Sieg." Leon fuhr sich unruhig durch die Haare. Wo blieb Sophie denn?

„Gib doch mal die Karte her", unterbrach Dennis ihn in seinen Gedanken. Leon kramte sie umständlich aus seiner Hosentasche hervor und faltete das zerknickte Blatt auseinander. Nervös reichte er es an Dennis weiter.

„Hier müssen wir hin", sagte Dennis und deutete auf den Kalksteinberg. „Und hier sind wir jetzt." Dabei fuhr er mit seinem Finger in den Bereich, der den Wald darstellen sollte. Er blickte hoch und erklärte: „Den größten Teil des Weges haben wir geschafft. Es ist nicht mehr weit. Und wenn ich erst das Ritual mit dem schwarzen Blut der Erde durchgeführt habe …" „… oder auch nicht", unterbrach ihn Ruben. „Vielleicht hat Sophie ja doch Recht."

Anstatt zu antworten, verdrehte Dennis nur die Augen. Eine Weile sagte niemand etwas. Die Stimmung war gedrückt. Leon, der nervös mit seiner Fußspitze auf den Boden klopfte, stieß plötzlich hervor: „Da ist was passiert, das hab ich im Gefühl. Ich geh' nach Sophie schauen." Ohne auf eine Reaktion der anderen zu warten, folgte Leon seiner Schwester.

Er drückte die großen Blätter, hinter denen Sophie verschwunden war, zur Seite. Dahinter zeigte sich ein bunter Urwald. Zwar drang das ohnehin fahle Mondlicht kaum durch die dichten Kronen der Bäume hindurch, doch war es hier im dichten Wald unerwartet hell.

Unzählige kleine Pilze wuchsen auf dem Boden, von denen ein grünlich-gelbes Licht ausging. Hell leuchteten auch große, rote Blumen, deren Form an Lilien erinnerte, und Tausende kleiner türkisfarbener Blüten, die ganz eng aneinander an feinen Ranken wuchsen und ein dichtes Geflecht bildeten. Diese Ranken mit ihren tausenden funkelnder Blüten wirkten wie ein eingefrorener, glitzernder Wasserfall.

1. Denke dir ein kleines, fliegendes, leuchtendes Lebewesen aus (ähnlich wie Libellen, Käfer, Vögel oder Mücken) und beschreibe kurz, wie einige davon vor Leons Augen durch diesen Urwald fliegen. Vermeide dabei das Wort „fliegen" und verwende stattdessen Begriffe aus M2. ➔ M2 ✏

Leon war fasziniert von dem Anblick, der sich ihm bot. Mit offenem Mund stand er da und starrte in diese Blütenpracht hinein. ⁵

Doch da hörte er plötzlich einen Schrei, der ihm wie ein Blitz durch den ganzen Körper fuhr. Dann noch einen. Der Schrei war ganz aus der Nähe gekommen, irgendwo hinter dem Rankengeflecht. „Sophie!", schrie er panisch und rannte blindlings durch den Wasserfall aus Blüten hindurch. Doch weit kam er nicht.

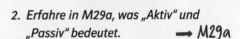

2. Erfahre in M29a, was „Aktiv" und „Passiv" bedeutet. ➞ M29a
3. Setze im folgenden Text jeweils die entsprechende Verbform im Passiv ein.

Tipp: Der erste Teil der Passiv-Verbform, nämlich die Form von „werden", steht hier bereits im Text. Das erleichtert dir die Arbeit!

Er wurde von den klebrigen Blüten

.... (festhalten).

Umso wilder er strampelte, um sich zu befreien, desto mehr wurde

er von den Ranken .... (einwickeln).

Zunächst erkannte er durch den dichten Rankenvorhang hindurch nur wilde, ruckartige Bewegungen wie von hunderten kleinen ²⁰

Tieren. Äste wurden durch die Luft .... (werfen).

Dazu hörte er Tierschreie, die immer lauter und hektischer wurden.

Plötzlich gelang es Leon doch, durch eine Lücke in den Ranken

hindurchzusehen. Panik erfüllte ihn und es fühlte sich an, als werde

sein Brustkorb von einem eisernen Band .... ²⁵

(einschnüren). „Sophie!", schrie er verzweifelt, als er sie plötzlich

entdeckte.

Seine Schwester stand in der Mitte einer Lichtung. In ihren Händen hielt sie leuchtende Früchte, deren Form an Papayas erinnerte. Die Früchte wurden von ihr eng an ihren Körper .... (drücken), als wolle sie sie beschützen. Ihr Gesicht war angstverzerrt.

Um sie herum herrschte Chaos. Kleine, affenähnliche Tiere kletterten von allen Seiten herbei. Sophie wurde von ihnen .... (angreifen). Leon zerrte mit aller Kraft an den Ranken. Er musste Sophie retten! Doch wie sollte er sich befreien?

In dem Moment erschienen Dennis und Ruben auf der Lichtung. Leon schöpfte neue Hoffnung. „Halte durch, Sophie, wir helfen dir", schrie Dennis und rannte auf Sophie zu …

4. Bearbeite M29b.   → M29b

5. Schreibe auf, wie Ruben und Dennis gemeinsam Sophie retten. Verwende dabei mindestens drei Passivformen aus M29b! Wie immer sollte niemand schwer verletzt werden!

Tipp: Denk daran, dass dein Dennis hier Dinge verwenden kann, die du für ihn in den Rucksack gepackt hast.   → M12 + M29b

Als sie danach heraneilten, um Leon aus dem Rankengeflecht zu befreien, kam sich Leon unheimlich dämlich vor. Die drei hatten gerade eine ganze Affenhorde besiegt, während er sich in einem Busch verheddert hatte. Ruben schien das bemerkt zu haben, denn als Leon zu einer Entschuldigung ansetzen wollte, winkte dieser nur ab und rief außer Atem: „Schnell weg hier, bevor die Viecher wiederkommen!"

Die drei Jungen waren bereit aufzubrechen, doch Sophie rührte sich nicht. „Sophie, komm endlich!", mahnte Ruben. Noch immer stand sie da wie gelähmt. Tränen rollten ihr aus hilflos zu Boden blickenden Augen. Leon wusste, dass hinter ihrer oft frechen Fassade eigentlich immer nur ein kleines, zerbrechliches Mädchen steckte. Auch Dennis schien das bemerkt zu haben, denn sanft sagte er zu ihr: „Komm. Hüpf hoch. Ich trage dich ein Stück." Sophie gehorchte mechanisch. Dennis nahm sie auf seinen Rücken und trug sie fort.

Während sie so schnell es ging im Wald weiterliefen, schauten die Jungen sich unaufhörlich um. Allen Dingen, von denen irgendeine Gefahr ausgehen konnte, wichen sie aus.

Leon blickte dabei immer wieder zu Sophie hinüber. Ihre selbstbewusste Art war verflogen, ihre sonstigen Kommentare blieben aus. Als sich die drei Jungen darüber verständigten, wie sie weiter vorgehen wollten, blieb sie still.

Sie klammerte sich mit einer Hand an Dennis fest. Ihre andere Hand hielt sie fest zu einer Faust geballt. „Was hast du da?", fragte Leon. Als sie nicht gleich reagierte, bohrte er nach: „Du hast am Rand der Lichtung einen der Blumensamen mitgenommen, stimmt's?"

Anstatt zu antworten, öffnete Sophie vorsichtig ihre Hand. Zum Vorschein kam der Kristall aus der Höhle und etwas, das wie ein verschrumpelter Kirschkern aussah. „Du gibst wohl nie auf", grinste Leon. „Aber woher weißt du, dass es das richtige Samenkorn ist?"

5

Auf Sophies Gesicht zeigte sich ein dünnes Lächeln, das Leon bisher noch nicht kannte. Es hatte nichts Trotziges an sich und auch nichts Zickiges. „Ich weiß es einfach", flüsterte sie.

6. Was muss in einem Bild alles enthalten sein, damit es zu deinem Text auf S.78 und S.79 und den übrigen Informationen über den Wald passt? Erstelle dazu in M30 eine Checkliste. ➞ M30

7. Lasse einen Lernpartner eine Zeichnung zu deinem Text auf S.78 und S.79 über den Kampf mit den Tieren anfertigen. Wenn es niemanden gibt, dem du dein Buch anvertrauen möchtest, kannst du es auch selbst zeichnen.

8. Überprüfe die Zeichnung mit Hilfe der Checkliste in M30. ➞ M30

9. Lass die Zeichnung überarbeiten/überarbeite sie selbst.

10. Arbeite mit deiner Übungskartei. ➞ M06

Kapitel 12

„Wir haben es geschafft", sagte Dennis, als sie am Fuß des Berges angekommen waren. Wortlos rutschte Sophie von Leons Rücken herunter. Die Jungen hatten sich abgewechselt und Sophie über weite Strecken hinweg getragen.

Dennis blickte zum Horizont, an dem nun ganz deutlich ein heller Streifen zu sehen war, deutete hinüber und sagte: „Da kann man es schon sehen, das Tor hatte recht: Der Sieg über die Dunkelheit ist zum Greifen nah!" Dann sah er Leon an und fuhr fort: „Sophie schafft den

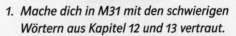

1. Mache dich in M31 mit den schwierigen Wörtern aus Kapitel 12 und 13 vertraut.

→ M31

2. Lies zuerst die Kapitel 12 und 13 und schreibe dir dabei alle Wörter, die du nicht kennst, auf je eine farbige Karteikarte. Schreibe die Bedeutung auf deren Rückseite.

→ M06

3. Wenn du dir einen Überblick über die beiden Kapitel verschafft hast, sammle mögliche Kapitelüberschriften. Vergleiche wenn möglich mit einem Lernpartner.

4. Wähle die jeweils passendste Überschrift aus und trage sie als Kapitelüberschrift ein.

5. Bearbeite die Aufgaben der beiden Kapitel in der vorgegebenen Reihenfolge.

Aufstieg nicht. Von hier aus gehe ich alleine. Ihr wartet hier." Doch noch ehe er sich von der Gruppe abgewandt hatte, entgegnete Ruben: „Nein. Wir begleiten dich. Dann dauert es eben ein bisschen länger, aber wir kommen mit."

Zwar widersprach Dennis nicht, doch es war ihm anzumerken, dass er damit nicht einverstanden war. Ohne ein weiteres Wort zu sagen, wandte er sich dem Berg zu. Beim Aufstieg passte er sein Tempo nicht dem der anderen an, sondern kletterte vorneweg, ohne auf die anderen Rücksicht zu nehmen.

Mühsam versuchten Ruben und Leon, Sophie zu helfen und einigermaßen mit Dennis mitzuhalten. Plötzlich hielt Sophie jedoch inne, als lausche sie. „Was war das?“, fragte sie erschrocken. Leon, der nichts Außergewöhnliches bemerkt hatte, fragte verwundert: „Was meinst du?“ „Der Boden – der hat gewackelt!“, antwortete Sophie ängstlich und deutete dabei auf den Felsen zu ihren Füßen. Leon zog die Stirn in Falten und winkte ab: „Das hast du dir nur eingebildet. Du bist müde. Da fühlt es sich manchmal so an. Komm weiter.“

Die Strecke jedoch wurde steiler und unwegsamer. „Pack den Stein in deinen Rucksack. Du brauchst deine Hände zum Klettern. Und ohne die Träne der Mutter Erde hilft dir das alles sowieso nichts“, forderte Leon seine Schwester auf. Diese entgegnete jedoch: „Ich warte ja nur auf Regen. Das sind die Tränen der Mutter Erde, ganz sicher. Die fange ich auf und dann habe ich alles, was ich brauche.“

Leon sah sie missbilligend an und warf ein: „Regentropfen könnten die Tränen des Himmels sein, aber doch nicht der Mutter Erde. Dann müssten sie ja von unten nach oben fallen.“ Dieser Einwand schien Sophie zum Grübeln zu bringen. „Hmm“, brummte sie missmutig. „Aber was sind die Tränen der Mutter Erde dann?“

Ruben vermutete: „Vielleicht könnten es ....

6. Schreibe Rubens Idee dazu auf.

....

....

....

....“.

Leon zuckte die Schultern und meinte: „Vielleicht auch der Saft eines Baums, der herausläuft, wenn man die Rinde einritzt. Ach keine Ahnung, es könnte alles sein! Und außerdem ist das jetzt auch egal, denn Dennis hat sowieso bald die Bergspitze erreicht. Dann wissen wir, wer recht hatte.“ Ängstlich blickte Sophie nun in Dennis’ Richtung.

„Okay, dann sollten wir …“, begann sie, doch da wurde sie plötzlich von einer erneuten Erschütterung im Boden unterbrochen. Leon spürte, wie sich die Hand seiner Schwester fest um seine Hand schloss. „Jetzt habe ich es auch gespürt. Sollen wir lieber umkehren?", fragte Ruben. Leon blickte ihn an und schüttelte den Kopf. Er wusste, sie mussten weitergehen und das Wackeln im Boden ignorieren, denn umkehren konnten sie nicht. Dennis war schon zu weit oben angelangt. Kehrte Dennis nicht um, mussten auch sie weiterklettern.

Eine ganze Weile lang passierte nichts. Der Berg .... (bleiben) ruhig und die Spannung löste sich langsam bei Leon und Ruben. Doch dann .... (sein) etwas zu hören, ein Knacken tief im Berg, als würden große Steine brechen. Ängstlich .... (sehen) Sophie ihren Bruder an. „Weiter", mahnte Ruben und eine ganze Weile .... (bleiben) wieder alles ruhig. So

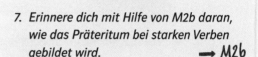

7. Erinnere dich mit Hilfe von M2b daran, wie das Präteritum bei starken Verben gebildet wird. ➝ M2b

8. Setze im folgenden Text die starken Verben im Präteritum ein. Verwende immer die 3. Person im Singular. 🔑

9. Kontrolliere die Aufgabe mit Hilfe der Musterlösung. Schreibe dabei alle Wörter, die du falsch geschrieben hast, in ihrer korrigierten Version je auf die Rückseite einer farbigen Karteikarte. Auf die Vorderseite schreibst du dabei jeweils: „3. Person Singular Präteritum von ....", wobei du auf den Strich jeweils den Infinitiv des gesuchten Wortes schreibst. ➝ M0b

ruhig, dass sie sich sogar auf dem Weg zur Bergspitze in einer Nische im Fels schlafen legen konnten, um neue Kraft für die letzte Etappe zu sammeln.

Auch Dennis hatte hier eine Rast eingelegt. Die Nische .... (bieten) allen vieren genug Platz, um sich vor dem Wind zu schützen, der wieder stärker angehoben hatte. Sophie .... (schlafen) auf Dennis' Decke.

Leon war der erste, der erwachte. Etwas hatte ihn geweckt, oder hatte er das nur geträumt? Er _____ (erheben) sich und blickte in die Dunkelheit hinaus. Nichts. Doch dann _____ (vernehmen) er es wieder – dieses Knacken tief im Stein – dieses Mal lauter als vorher. Und es _____ (sein) begleitet von einem erneuten Beben des Felsens, auf dem sie lagen.

Von diesem Beben waren auch die anderen drei erwacht. „Weiter", _____ (raten) Leon. „Wir müssen weiter." Einer nach dem anderen _____ (erheben) sich. Dennis rollte seine Decke ein und sie setzten ihren Weg fort. Die Erschütterung im Boden _____ (kommen) nun häufiger, wurde stärker. Sophie _____ (halten) Leons Hand so fest gedrückt, wie sie nur konnte. Wieder _____ (kommen) Dennis schneller voran als Leon, Ruben und Sophie.

Mit einem Mal _____ (klingen) es, als sei das laute Grollen im Fels ganz nah unter ihren Füßen. Als breche ein Vulkan aus, wurde nur ein paar Meter vor ihnen plötzlich der Boden aufgesprengt, doch statt Lava _____ (quellen) grüner Nebel daraus hervor. „Verdammt, weg hier!", _____ (befehlen) Ruben, doch Leon sah keine Möglichkeit auszuweichen, denn auch hinter ihnen _____ (reißen) nun der Felsen bedrohlich auf und grüner Nebel _____ (schießen) daraus hervor.

84

„Der Nebel, endlich! Wir müssen …", murmelte Sophie erschöpft. „Darum kümmern wir uns später, der Fels bricht ab!", schrie Leon und zog so fest er konnte an Sophies Hand.

10. Schreibe nach dem bekannten Muster von M0a, wie die drei Jugendlichen der Gefahr entkommen. Verwende dabei drei Partizipien, um deinen Text besonders anschaulich und spannend zu machen. M20b hilft dir dabei.

→ M0a + M20b

10

15

20

„Das war knapp", stieß Leon hervor. Er hätte Sophie gerne in den Arm genommen und getröstet, denn sie sah jämmerlich aus. Die Tränen rollten ihre Wangen hinab, doch selbst zum Schluchzen war sie zu erschöpft.

25

Kapitel 13

1. Dieses Kapitel spielt an zwei verschiedenen Orten: Dort, wo sich Dennis aufhält, und dort, wo sich die anderen befinden. Markiere die Abschnitte farbig, die sich auf Leon, Ruben und Sophie beziehen.

2. Blättere, bevor du weiterliest, zurück zu Seite 18, um dich an Dennis' Traum zu erinnern.

Dennis tat es noch immer leid, dass er die anderen hatte zurücklassen müssen. Er hoffte inständig, dass ihnen beim Beben der Felsen nichts passiert war. Die Entscheidung vorauszugehen war ihm schwergefallen, aber auf dem Weg zum Berg war ihm klargeworden, dass die anderen ihn nur aufhalten würden. Sie würden seine Mission gefährden. Er durfte doch keine Zeit verlieren!

Sein Herz hatte ihm gesagt, dass er bei den anderen bleiben und sie beschützen musste, doch sein Verstand hatte ihn gehen lassen. Er wusste: wenn er sie wirklich beschützen wollte, musste er dafür sorgen, dass das Ritual gelang. Ansonsten würden seine Freunde gemeinsam mit ihm ewig in dieser bedrohlichen Welt gefangen bleiben.

Vor einem Jahr war er schon einmal oben auf dem Berg gewesen und er hatte die Bergspitze unzählige Male im Traum gesehen.

Als er sich jedoch über den Rand der höchsten Ebene nach oben zog, stockte ihm beim Anblick, der sich ihm bot, der Atem. Zwar sah er nichts, was er nicht bereits kannte: Er sah den Boden, der unnatürlich gerade war. Die Ebene bildete genau wie in seinem Traum einen großen Kreis, an dessen äußerem Rand dreizehn große Steine in gleichem Abstand zueinander in den Himmel ragten.

Trotzdem war es anders als erwartet. Er spürte die gewaltige Macht dieses Ortes, die ihn einschüchterte. Aber es gab kein Zurück. Er atmete tief ein und ging dann zielstrebig zur Mitte dieses Kreises, in der er schon unzählige Male im Traum gekniet hatte.

3. Bearbeite M32.   → M32
4. Füge im folgenden Text jeweils d / t bzw. k / g / ck bzw. b / p ein.
5. Korrigiere mit Hilfe der Musterlösung.
6. Übertrage alle Wörter, die du falsch geschrieben hast, in der richtigen Schreibweise jeweils auf eine weiße Karteikarte.
7. Übe mit der Rechtschreibkartei.
        → M0b

Er ließ sich nieder. Der Wind peitschte ihm Stau.... ins Gesich..... Der Boden unter seinen Füßen be.....te, doch er blie..... dor...... „Jetzt ist es also so wei.....", murmelte er, währen..... er mit der Han..... den San..... aus den Fugen des dunklen Zeichens zu seinen Füßen wisch.....e. Das Zeichen bestan..... aus 13 gro..... in den Stein gehauenen Rillen. Die längste Rille war gekrümmt und bildete einen Kreis in der Mitte des Zeichens. Die anderen 12 Rillen waren alle gleich lan..... und gerade. Sie begannen in einem kleinen Abstan..... zum inneren Kreis und führten dann alle in die Richtun..... je eines der riesigen Steine am Ran..... der Fels- ebene, die Dennis wie ein riesiger Käfi..... einschlossen. Das Zeichen im Felsgestein glich einer dunklen Sonne.

In dem Momen....., als er das Fläschchen mit dem schwarzen Blu..... der Erde aus seinem Rucksa..... nahm, überkamen ihn Zweifel. Was, wenn Sophie doch rech..... hatte und ihre Aufzeichnun..... stimmte? Was, wenn er hier für die falsche Seite kämpfte? War das alles hier Betru.....? Doch was war hier überhaupt richti..... und was war falsch? In dieser Wel..... war überhaupt nichts richti.....! Er war gekommen,

um seinen Auftra..... auszuführen, es war nicht seine Schul.....!
Fol.....lich konnte es kein Zurü..... geben! Erneut erzitterte der Ber.....
von einer weiteren Explosion.

Der grüne Nebel fraß sich durch den Fels und brach überall daraus hervor. Dennis blieb keine Zeit. Er musste handeln! Als er den
Korken des Fläschchens öffnete, begann seine Hand zu zittern. Er
hatte Angst, das Falsche zu tun. Unsicher wich er zunächst zurück.

Doch dann fasste er sich wieder und begann mit bebenden Händen, etwas aus seinem Fläschchen in die erste Rille der dreizehn
Strahlen des Zeichens zu gießen. Er wusste: noch konnte er sich
umentscheiden! Noch war es nicht zu spät! Das Ritual konnte erst
seine Wirkung entfalten, wenn alle Kerben vollständig mit dem
schwarzen Blut der Erde getränkt sein würden. In seinem Inneren
hoffte er noch immer auf einen sicheren Hinweis, der ihm Gewiss-
heit gab, ob er wirklich das Richtige tat.

Als sich die erste Rille zu füllen begann, knisterte es am Himmel,
als lade sich dort oben etwas elektrisch auf. Kleine grelle Blitze
zuckten durch die Luft. Dennis hielt einen Moment inne. War das
das Zeichen, auf das er gehofft hatte? Aber was sollte das bedeuten?
Was verdammt bedeutete das? Zögernd setzte er dazu an, eine weitere der dreizehn äußeren Rillen zu füllen.

Etwas weiter unten am Berg hatten Leon und Ruben die Blitze am
Himmel bemerkt. „Verdammt, was tun wir jetzt?“, schrie Ruben.
„Er hat angefangen! Dennis hat wirklich mit seinem Ritual angefangen! Wenn er erst fertig ist und das ganze Zeichen ausgefüllt hat,
ist es zu spät! Uns bleibt keine Zeit mehr! Los! Hoch!“ Knapp hinter
ihnen brach ein weiteres Stück des Felsens ab, krachte donnernd
den Hang hinunter und riss weitere riesige Steine mit sich. Dort, wo
sich der Felsbrocken gelöst hatte, quoll grüner Nebel hervor und
bäumte sich auf wie eine Giftschlange, die sich auf den Angriff vorbereitet.

„Ich muss jetzt reingehen in den Nebel, ich habe keine Wahl“,
sagte Sophie daraufhin mit fast tonloser Stimme. Aus ihrem Ruck-

sack zog sie hastig den Kristall und das Samenkorn hervor. „Der Nebel wird mich schon irgendwie erkennen, auch wenn ich die Träne nicht habe." Schon wollte sie sich in Bewegung setzen, doch Leon hielt sie zurück. Verzweifelt stieß er hervor: „Auf keinen Fall! Ich habe versprochen auf dich aufzupassen! Du meintest doch selbst: ohne die Erkennungsmerkmale wird der Nebel dich für einen Feind halten!" Sophie versuchte sich aus seinem Griff zu lösen und rief: „Aber das ist unsere letzte Chance! Gleich ist es zu spät!"

Einen kurzen Moment blickte Leon zum Nebel, der sich gefährlich leuchtend vor ihnen auftürmte. Dann blickte er zu seiner Schwester zurück. Er wusste, dass er sie nicht aufhalten konnte, doch durfte er sie nicht gehen lassen. Er musste etwas unternehmen! Ihm wurde klar, worin die einzige Möglichkeit bestand, sie von ihrem Entschluss abzubringen. Er nahm Sophie die Gegenstände aus der Hand und sagte entschlossen: „Ich gehe rein in den Nebel, dann werden wir sehen, wer recht hatte."

Seine Knie zitterten, er konnte kaum einen klaren Gedanken fassen, doch eines wusste Leon sicher: Er musste jetzt stark sein. Er nahm Sophie fest in den Arm und wandte sich dann dem Nebel zu, doch Ruben hielt ihn auf.

„Nein Leon, du darfst nicht gehen, sie braucht dich verdammt, das weißt du", rief Ruben und deutete dabei auf Sophie, die in sich zusammengesunken am Boden kauerte und ihre Hände vor ihr Gesicht hielt. „Ich gehe! Du bleibst bei deiner Schwester."

Oben auf dem Berg begann Dennis damit, eine weitere Rille des Zeichens zu füllen. Das Donnern der herabstürzenden Felsen wurde nun fast vom Tosen der Blitze am Himmel übertönt, die immer wilder durch den Himmel zuckten.

Leon sah, wie Ruben die Augen schloss und tief einatmete. Leon wollte protestieren und seinen Freund aufhalten, doch Ruben ließ das nicht zu. Entschlossen fasste er zusammen: „Okay, ich halte also in der einen Hand den Kristall und in der anderen den Blumensamen und soll einfach nur nichts sagen. Und dann gehe ich rein, oder?" „Ja, nichts Böses sagen eben, so steht es hier", antwortete

Leon zögerlich und starrte wie gebannt auf die Aufzeichnungen in Sophies Notizblock, als könne er irgendetwas übersehen haben.

der Nebel
trage in deinen Händen
einen leuchtenden Kristall,
eine Träne der Mutter Erde
und den Samen
einer leuchtenden Blume
tritt in den Nebel
und sage nichts Böses
der Nebel wird dein
Freund sein

Oben auf dem Berg goss Dennis den Inhalt des Fläschchens nun in eine weitere der Rillen. Die Blitze, die bisher wild über den Himmel gezuckt waren, begannen daraufhin, sich zu sammeln und im Kreis zu wirbeln, immer weiter, immer größer, immer lauter.

Leon starrte noch immer auf Sophies Heft in seinen Händen. Typisch Sophie, krakelige Schrift, einfach hingeschmiert ohne Punkt und Komma. Wie sie selbst ihre Texte lesen konnte, war ihm ein Rätsel … Ohne Punkt und Komma. Die Worte wirbelten in Leons Kopf herum wie die Blitze oben am Himmel.

Plötzlich wurde es ihm klar, wie hatte er das übersehen können? Kaum zu glauben, dass ihm ausgerechnet jetzt, in der gefährlichsten Situation seines Lebens, etwas aus dem Unterricht der sechsten Klasse einfiel, etwas, das ihm natürlich nie wichtig erschienen war. Er schrie: „Der Stein *ist* die Träne! Das ist es! Man muss nicht drei Dinge in den Händen halten, sondern nur zwei! Die Träne ist nur eine genauere Beschreibung für den Stein – ein Einschub eben! Sophie hat das Komma vergessen! Aber egal, wir haben alles!"

Ruben schien zunächst nicht ganz zu verstehen, was Leon meinte. Doch dann sah Leon, wie Ruben auf den Kristall blickte, der in seiner Hand lag. Da huschte ein neuer Ausdruck in sein Gesicht, und Leon sah, dass Ruben ihn verstanden hatte. Ruben hielt den Kristall hoch, ließ ihn im Mondlicht funkeln, blickte ihn an und rief: „Klar! Der hat die Form einer Träne! Das ist es! Dann kann es klappen!" Sein selbstsicheres Grinsen wirkte auf Leon trotzdem nicht allzu überzeugend, auch wenn Ruben sich offensichtlich Mühe gab, wenigstens den anderen Mut zu machen, den er wohl selbst nicht hatte.

Zu Leon gewandt fuhr er ironisch fort: „Ich hoffe der Rest auf dem Zettel stimmt, auch wenn Sophie bei der Zeichensetzung ein kleines bisschen geschlampt hat. Also was genau steht da? Was muss ich sagen? Einfach nichts Böses? Dann sage ich doch zur Sicherheit eben gar nichts, dann kann es auch nichts Böses sein, was ich sage! Stimmt doch?"

Leon nickte zögerlich und sah gebannt zu, wie Ruben sich daraufhin dem Nebel mit langsamen, aber festen Schritten näherte. Die Angst, seinen Freund für immer zu verlieren, war übermächtig in ihm, schnürte ihm die Kehle zu.

Dennis füllte eine weitere Rille. Das Tosen wurde noch lauter. Der Wind tobte nicht nur am grell zuckenden Himmel, er sauste die Berghänge hinab und riss Büsche und Steine mit sich fort.

Eine Windböe peitschte Leon ins Gesicht und zerrte am Heft, das er in den Händen hielt. Hatte er doch etwas übersehen? Die Angst ließ ihn nicht los. Gebannt starrte er weiter auf die Buchstaben, die Sophie auf das Papier gekritzelt hatte. Plötzlich traf es ihn wie ein Schlag! Als hätte der peitschende Wind eine Mauer vor seinen Augen zum Einsturz gebracht, die ihm den Blick auf die Lösung verstellt hatte, wurde ihm klar: Die Lösung war doch die ganze Zeit in seinen Händen gewesen! Er kannte schließlich seine Schwester besser als jeder sonst!

„Halt!", schrie er so laut er konnte und rannte hinter Ruben her, „Halt! Du musst es rufen! Du musst die beiden Wörter rufen: ‚NICHTS BÖSES'! Ruf es! ‚Nichts Böses'! Sophie hat auch das falsch aufgeschrieben. Die Anführungszeichen, sie lässt sie doch immer weg! Ruf es, verdammt!"

Ruben drehte sich kurz um und schrie: „Was? Warum soll ich das rufen?" Wieder schien Ruben nicht sofort zu verstehen, was Leon meinte, doch Leon rief: „Die Anführungszeichen fehlen! Es soll wörtliche Rede sein, verstehst du? Ruf es einfach! Ruf ‚Nichts Böses'!"

8. Bearbeite M33 und korrigiere darin Sophies Text. ➞ M33

Leon war sich nicht sicher, ob Ruben kapiert hatte, warum er es rufen sollte, aber er schien Leon blind zu vertrauen. Während er sich dem Nebel weiter näherte, wiederholte Ruben langsam und deutlich: „Nichts Böses!"

Leon kniff die Augen zusammen. Die Angst ließ ihn zittern. Er starrte auf den Nebel als sei er ein Raubtier, das Ruben im nächsten Augenblick verschlingen würde.

Ganz oben auf der Bergspitze goss Dennis den Inhalt der Flasche in eine weitere Rille, die sich daraufhin langsam, aber unaufhörlich mit der zähen, schwarzen Substanz füllte. Dennis' Puls raste wie verrückt, ihm wurde es schwindelig. Er hielt die Flasche fester, damit sie ihm nicht aus der Hand glitt. Tat er das Richtige? Die Frage hämmerte in seinem Kopf.

Unten am Hang hielt Leon noch immer den Atem an. Was, wenn er sich geirrt hatte? Was, wenn er noch etwas übersehen hatte? Das andere hatte er auch erst im letzten Moment begriffen. Er öffnete die Augen und starrte fieberhaft auf das Geschehen vor ihm. Er sah, wie Ruben dem Nebel immer näher kam. Unzählige Gedanken rasten durch Leons Kopf. Am liebsten wäre er hinterhergerannt. Schließlich war es sein Vorschlag gewesen, in den Nebel zu treten. Er trug die Schuld, wenn etwas passierte! Er war für alles verantwortlich! Aber er trug auch die Verantwortung für Sophie, die sich panisch an ihn klammerte, als ein weiterer Felsbrocken neben ihnen in die Tiefe stürzte. Was sollte er bloß tun? Was verdammt sollte er nur tun?

Für einen Moment konnte Leon Ruben nicht mehr sehen – der Nebel hatte ihn eingehüllt, hatte ihn verschluckt. Im Nebel begann es gespenstisch zu funkeln. Sophie schrie. In ihrem Schrei hörte Leon die ganze Tiefe ihrer Angst mit: Die unerträgliche Angst davor, doch falsch gelegen zu haben, Schuld zu sein, wenn Ruben etwas passierte, die Angst davor, in der ewigen Dunkelheit dieser Welt gefangen zu sein, die Angst vor der bebenden Erde, die Angst, ebenfalls vom grünen Nebel verschlungen zu werden. Sie war eben doch noch ein kleines Mädchen. Leon legte seinen Arm um sie. „Ich war mir so sicher …", stammelte sie.

Leon konnte seinen Blick nicht vom Nebel abwenden, starrte in ihn hinein, als breche mit Sicherheit gleich etwas Gewaltiges daraus hervor. Doch dann bemerkte er es. Erst hielt er es für eine Täuschung, doch tatsächlich: Das Grün des Nebels verblasste, veränderte seine Farbe. Funken tanzten darin herum. Purpurfarbene Funken, die darin umherwirbelten wie damals im Torbogen, durch den sie diese Welt betreten hatten. Da plötzlich erschien ein Umriss, der dem von Ruben ähnelte. Leon schöpfte Hoffnung, traute sich aber noch nicht aufzuatmen.

Doch Sophie hatte ihre Angst früher abwerfen können. „Ruben!", schrie sie und stürzte auf den Nebel zu. Da endlich trat Ruben aus dem Nebel hervor. Erleichterung war auf seinem Gesicht erkennbar.

Leon lief ihm ebenfalls entgegen. „Sophie hatte recht! Du hattest recht", jauchzte Ruben und hob das Mädchen in die Höhe.

Über Rubens Schulter hinweg sah Leon die Nebelsäule, von der nun alles Bedrohliche gewichen war. Weich wirkte sie nun und friedlich wie eine weiße, funkelnde Wolke. Doch gleich darauf glitten ihre Blicke wieder ängstlich hinauf zum blitzdurchzuckten Himmel, und es fühlte sich an, als bleibe gleich das Herz stehen. „Es ist zu spät", stammelte Sophie. „Dennis, das Ritual ... Es war alles umsonst. Alles!"

Dennis hatte den Schrei gehört. Er hatte die Angst gehört. Er hatte ihre Angst spüren können. Nein! Er durfte sie nicht im Stich lassen. Was auch immer da unten geschehen war, warum auch immer sie so verzweifelt geschrien hatte, seine Freunde brauchten seine Hilfe!

Er wollte sich aufrichten, doch er konnte sich kaum rühren. Es war, als hätte etwas die Kontrolle über seinen Körper übernommen. Er wollte die Hand mit der Flasche zurückziehen, doch gehorchte ihm seine Hand nicht mehr. Es war, als werde er dort gehalten. In seinem Kopf dröhnte dabei immer wieder die Stimme mit den immer gleichen Worten: „Fülle das dunkle Zeichen mit dem schwarzen Blut der Erde!" Die Stimme wurde lauter und lauter. Es fühlte sich an, als würde sein Kopf gleich explodieren.

Als gehöre die Hand nicht ihm, war es, als werde sie von einem Magneten zu einer weiteren Rille des Zeichens gezogen. Doch

Sophies Schrei hallte in seinem Kopf noch lauter als die andere, tiefe Stimme wider. „Nein!", schrie er und kämpfte mit aller Kraft, die er aufbringen konnte, gegen die Starre an. Verbissen kämpfte er gegen die Anziehung an, stemmte sich dagegen. Doch die unsichtbare Umklammerung hielt ihn.

Da plötzlich sammelten sich die Blitze am Himmel an einem gemeinsamen Punkt. Sie schlugen nicht mehr in den Berg ein, sondern formten einen leuchtenden Ball oberhalb der Bergspitze. Langsam veränderte sich die Form des Leuchtens und die Silhouette einer Gestalt wurde erkennbar. Sie formte sich weiter. Lange Finger wuchsen, die Umrisse wurden deutlicher. Über der Bergspitze thronte nun eine leuchtende Erscheinung wie ein König.

Dennis kniff die Augen zusammen. Das Licht war zu hell, er konnte kaum hineinsehen. Vorsichtig blickte er durch enge Spalten zwischen seinen Fingern, mit denen er seine Augen schützte. Die Königsgestalt wandelte sich. Der Körper verschwand, doch der Kopf wurde immer größer und größer, kam Dennis näher und näher.

Das Gesicht, in das er nun blickte, überwältigte Dennis. „Mein Diener", dröhnte die dunkle Stimme, die Dennis aus unzähligen Träumen kannte. „Fahre fort! Du hast das magische Ritual fast beendet. Du weißt, dass dies dein Weg ist!"

Doch die Zweifel und die Angst um seine Freunde waren so stark in ihm, dass er diesem Befehl nicht nachgeben konnte. Er musste das Ritual unterbrechen, musste seinen Freunden helfen, doch wie? Er kam nicht davon los! Um alle Kräfte freizusetzen, stieß Dennis einen gellenden Schrei aus und wollte seine Hand zurückziehen, doch die Macht, die ihn hielt, war zu stark. Er kam nicht dagegen an.

Da verzog sich das Gesicht am Himmel plötzlich zu einer Grimasse. Ein höhnisches Lachen quoll der Fratze aus dem Mund: „Zu spät!" dröhnte die tiefe Stimme. „Zu spät! Mit jeder einzelnen Rille, die du gefüllt hast, hast du mir Kraft zurückgegeben, gemeinsam mit den anderen meiner gehorsamen Diener, die ich vor dir in diese Welt gerufen habe! Nun bin ich stark, zu stark für dich! Versuch es, wehr dich! Gegen mich hast du jetzt keine Chance mehr!"

9. Wie viele Rillen des Zeichens hat Dennis bereits gefüllt? Lies das Kapitel 13 bis zu dieser Stelle noch einmal und zähle dabei nach! Zeichne es hier ein.

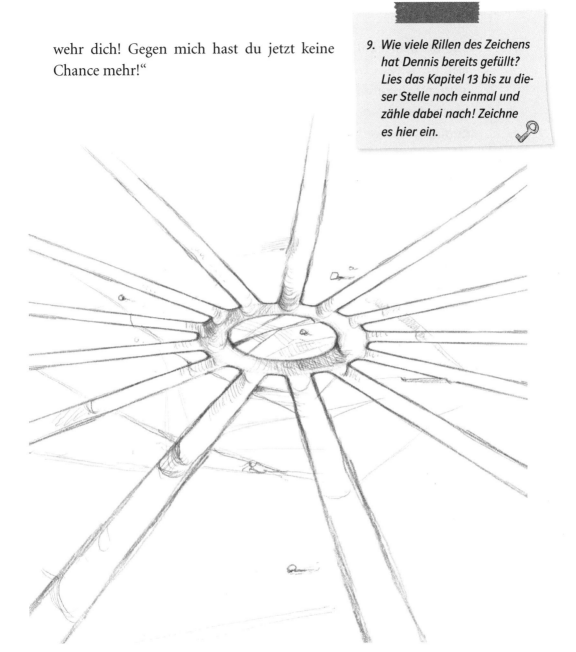

Wieder dröhnte ein Lachen durch die Luft. „Die Dunkelheit vertreiben wolltest du, hast alles geglaubt, was ich dir gesagt habe! Du Narr! Du hättest auf das Mädchen hören sollen! Alles Licht und alle Magie dieser Welt gehört mir! Mit dieser Macht bin ich stark, damit werde ich mir weitere Welten zum Untertan machen!"

Verzweifelt sah Dennis, wie sich seine Hand mit der unheilvollen Flasche der nächsten Rille näherte. Das durfte nicht passieren! Wie hatte er nur auf diese Täuschung hereinfallen können? Die Beweise in der Höhle waren doch so klar gewesen! Wie hatte er nur so dumm sein können? Da ertönte die grollende Stimme erneut: „Versuch nur dich zu wehren, es wird dir nicht gelingen! Auch die Pflanzenwesen, die auf dieser Welt gelebt haben, bevor ich kam, habe ich nun für immer besiegt!"

Wieder ertönte grollendes Lachen. Dann fuhr die Stimme fort. Das Wesen schien seinen Triumph auszukosten: „Ich habe die Pflanzenwesen von ihrer Energiequelle getrennt. Mit diesem Zeichen hier auf der Spitze des Berges habe ich die Zeit angehalten, damit die Pflanzenwesen keine neue Energie aus der Sonne ziehen können. Als die Kraft des Zeichens langsam schwand, habe ich dich gerufen, mein Diener!"

10. Blättere zurück zu deiner Zeichnung auf S.13 um dich an den großen Kampf zwischen den Pflanzenwesen dieser Welt und dem leuchtenden Wesen zu erinnern, das am Himmel aufgetaucht ist.

Verzweifelt starrte Dennis auf die Flasche in seiner Hand, die sich unaufhaltsam der nächsten Rille näherte. Nein! Er musste dagegen ankämpfen! Bevor sich die giftige Substanz in die Rille ergießen konnte, schrie er laut: „Nein!"

Er schloss die Augen und versuchte, alle Stärke aufzubringen, die er besaß. Er konzentrierte sich auf alles, was ihm Kraft gab. Vor seinem inneren Auge sah er seine Freunde, seine Familie, sah das Licht der Sonne. Er spürte, wie die lähmende Angst von ihm wich. Mit einem weiteren kraftvollen Schrei riss er sich gewaltsam aus der eisernen Umklammerung. Er taumelte zurück.

Sofort packte ihn ein gewaltiger Windstoß und drängte ihn wieder zur Mitte des Kreises. Dennis stemmte sich dagegen, kämpfte gegen den Sturm an. Mit einer Hand bekam er einen der äußeren Steinblöcke zu fassen und klammerte sich daran fest.

Er musste aus diesem Steinkreis herauskommen! Hier hatte die leuchtende Fratze ihre volle Macht! Doch hinter den Steinen endete die Ebene und Dunkelheit erstreckte sich dahinter. Auch wenn er sie nicht sehen konnte, war er sich dessen bewusst, wie steil die Wände waren, die zur Ebene führten. Ihm lief ein kalter Schauer über den Rücken. Er wusste: Man musste langsam und vorsichtig klettern, um nicht den Hang hinabzustürzen, doch wie verdammt sollte das funktionieren, wenn er sich mit Schwung aus dem Kraftfeld der Steine befreien musste? Wie nur sollte er so schnell Halt finden können? Das war nicht möglich!

Über die Hand, die noch immer das Fläschchen umklammert hielt, hatte er keine Kontrolle. Unerbittlich zerrte der Sturm an ihm. Dennis spürte, dass seine Finger ihn nicht mehr lange halten konnten.

Höhnisch lachte die Fratze am Himmel und dröhnte: „Du gehorchst mir!" Doch Dennis gab nicht auf. „Nein!", schrie er entschlossen. „Du wirst nicht gewinnen!" Auch wenn er wusste, dass er nicht mehr lange durchhalten konnte, kämpfte er weiter. Seine Kraft schwand mit jeder Sekunde, bald würde er zurück in die Mitte dieses Käfigs gezogen werden, doch noch gab er nicht auf.

Weiter unten am Berg blickte Leon nach oben. Hoch über dem Berg schwebte eine gefährlich leuchtende Fratze am Himmel. Das höhnische Lachen der Fratze konnte man über die ganze Ebene hinweg hören und ließ Leon das Blut in den Adern gefrieren. Ängstlich sah Sophie die beiden Jungen an und rief: „Es ist zu spät! Was sollen wir denn jetzt tun?" Doch Ruben legte den Finger an die Lippen und fragte: „Habt ihr das gehört? Der Kampf ist noch nicht vorbei!"

Nun horchte auch Leon. Ganz deutlich hörte er Dennis' Stimme! „Ja, ich habe es auch gehört! Dennis kämpft gegen dieses leuchtende Ding am Himmel! Es ist noch nicht vorbei!" „Wir müssen ihm helfen!", schrie Sophie und kletterte bereits den Hang weiter nach oben. Leon und Ruben folgten ihr so schnell es ging. „Halt durch Dennis, wir sind gleich bei dir!", schrie Leon so laut er konnte.

Da plötzlich hörte Dennis die Stimmen seiner Freunde! Der Klang drang durch das unaufhörliche Grollen hindurch bis zu ihm. Er war nicht alleine! Er war diesem Monster am Himmel nicht hilflos ausgeliefert. Es war nicht nur sein Kampf, es war *ihr* Kampf. Seine

Freunde glaubten an ihn, sie kamen, um ihm zu helfen! Und er würde alles tun, um ihnen zu helfen, um die Fratze am Himmel nicht gewinnen zu lassen!

Neuer Mut durchströmte ihn, auch wenn er wusste, dass er sich nicht mehr lange würde halten können. Er würde nicht durchhalten können, bis seine Freunde bei ihm ankämen. Aber er durfte das Böse nicht gewinnen lassen! Nur eine letzte, verzweifelte Möglichkeit blieb ihm: Er musste aus diesem Käfig aus magischen Steinen herauskommen, der ihn gefangen hielt. Entschlossen legte er all seine Kraft, die er noch hatte, in einen letzten Sprung. Er stürzte sich in das schwarze Nichts, das ihn hinter der Felsebene unweigerlich verschlingen würde.

Dennis presste die Augen zusammen, er erwartete den harten Aufprall seines Körpers auf den schroffen Felsen, doch Angst spürte er kaum. Er wusste, dass er das Richtige tat.

Mit einem Mal wurde sein Fall aufgehalten, doch nicht von Felsen und auch nicht von einer erneuten Windböe. Es fühlte sich sicher an, weich, als würden ihn tausend Schmetterlinge gleichzeitig sanft in die Höhe ziehen. Wärme durchströmte ihn, die Anspannung fiel von ihm ab. Langsam öffnete er die Augen.

Leon, Ruben und Sophie hatten die Bergspitze noch nicht erreicht, doch konnten sie sehen, was geschah. Gebannt starrten sie nach oben. Leon war überwältigt: Er sah Dennis, der über die Felsebene hinaus ins Nichts sprang. Im gleichen Moment wirbelte der Nebel, der eben noch wie eine funkelnde Wolke vor ihnen in der Luft geschwebt war, auf Dennis zu. Blitzartig veränderte er seine Gestalt. Die Wolke wurde dichter, gewann deutliche Konturen. Der funkelnde Nebel bildete die Gestalt einer Frau, die ihre Hand nach Dennis ausstreckte.

Mit einer majestätischen Bewegung fing sie ihn im Fall auf und schloss sanft die Hand um ihn. Dann hob sie Dennis sanft in die Höhe und ließ ihn strahlen. Wie ein Engel schwebte er in der Luft, bevor ihn die Hand behutsam auf dem Boden absetzte. Mit aller Kraft warf Dennis das Fläschchen an einen Felsen, wo es in tausend Scherben zerschellte.

„Nein!" ertönte die laut dröhnende Stimme und die Fratze riss dabei den hässlichen Mund weit auf. In diesem Moment wandelte sich die Gestalt des Nebels erneut und formte einen Keil. Blitzartig stieß der Nebel hinauf und strömte in das aufgerissene Maul der Fratze hinein.

Im nächsten Moment folgte eine Explosion. Leon zog Sophie nach unten und legte ihr schützend den Arm über den Kopf. Als er wieder nach oben schaute, zersprang die Fratze in tausend Teile. Das donnernde Grollen verblasste. Zurück blieb ein winziger Funke, der sich rasend schnell von der Welt entfernte und in immer höhere Ebenen des Himmels flog.

Als habe die Dunkelheit wie ein Tuch auf der Welt gelegen, wurde sie von diesem davonrasenden Funken mitgerissen, löste sich von den Dingen und Lebewesen, als sei am Horizont die Verbindung zu dieser Welt mit einem Messer zerschnitten worden. Die Dunkelheit wurde hinaufgezogen in den weiten Himmel, wo sie erst in der Luft flatterte und dann schließlich verschwand.

Kraftvoll, als sei es nie fort gewesen, eroberte das Licht die Welt zurück. Es brannte den vieren in den Augen, alle hielten sich schützend die Arme vor das Gesicht. Der Nebel legte sich sanft über die trockenen Ebenen, über die Wälder und die Berge. Durch sein Funkeln schien überall neues Leben zu erwachen. Langsam sprossen Gräser und kleine Ranken hervor, hier und da deuteten sich Blüten an, die sich der Sonne entgegenstreckten, die am Himmel erschienen war. Aus der Mitte des Steinkreises begann eine Quelle zu sprudeln, an deren Rändern Farne ihre Blätter langsam aus dem Boden trieben. Als kleiner Wasserfall floss das Quellwasser den Berg hinab. In der Luft lag eine Melodie wie von einem lange verlorenen Traum, als würden alle Tiere dieser Welt im Gleichklang singen.

Blinzelnd sah Sophie sich um. Leon nahm sie in den Arm. Glücklich jauchzte sie: „Genau so hat es jemand in der Höhle beschrieben: so hat es hier früher ausgesehen! Ich hatte mir nur nicht vorstellen können, wie wunderschön es in Wirklichkeit ist!"

Dennis war den Berghang heruntergeklettert und kam zu den anderen. An seinem Blick merkte Leon, dass Dennis zu einer Entschuldigung ansetzte, doch Leon ließ ihm keine Zeit dazu. Alle vier nahmen sich in die Arme und standen dort vereint auf dem Felsvorsprung. Gemeinsam blickten sie in die aufblühende Landschaft.

11. *Zeichne das, was die vier vor sich sehen. Einige Details sind im Text vorgegeben. Den Rest darfst du frei ausschmücken.*

12. *Überprüfe dein Ergebnis anhand von M34.* → M34
13. *Korrigiere dein Bild gegebenenfalls.*
14. *Arbeite mit deiner Rechtschreibkartei.* → M06

Auf Leons Haut fühlte es sich mit einem Mal an, als gleite etwas Seidiges darüber. Die Nebelgestalt war nun neben ihnen und legte sachte ihren Arm um sie wie eine Mutter, die ihr Kind hielt. Als der Nebel sie sanft einhüllte, erfüllte Leon ein vertrautes Gefühl von Geborgenheit. Vor seinen Augen tanzten purpurfarbene Funken, drehten sich in kleinen Wirbeln und schwirrten um ihn herum. Schwindel überkam ihn. Auch die anderen schienen es zu spüren, denn sie drängten sich enger aneinander.

Kapitel 14

1. Bearbeite M35, um dich mit den Wörtern des folgenden Kapitels vertraut zu machen. → M35

2. Lies zuerst Kapitel 14 und schreibe dir dabei alle Wörter, die du nicht kennst, auf je eine farbige Karteikarte. Schreibe die Bedeutung auf deren Rückseite. → M06

3. Wenn du dir einen Überblick über die beiden Kapitel verschafft hast, sammle mögliche Kapitelüberschriften. Vergleiche wenn möglich mit einem Lernpartner.

4. Wähle die jeweils passendste Überschrift aus und trage sie als Kapitelüberschrift ein.

5. Bearbeite die Aufgaben der beiden Kapitel in der vorgegebenen Reihenfolge.

Als Leon die Augen wieder öffnete, war das brennende Licht verschwunden. Die magische Melodie war vertrauten Geräuschen gewichen. Er blinzelte. Alles war verschwommen, doch erkannte er Bäume und Sträucher um ihn herum. Unter seinen Füßen war nun weicher Waldboden, wo eben noch der harte Felsvorsprung gewesen war. Ihm war noch immer schwindelig. Er fühlte sich wie in einer zähen, durchsichtigen Kaugummiblase, die alle Eindrücke dämpfte. Ungläubig blickte er sich um.

„Wo sind wir?", fragte er, obwohl er die Antwort längst kannte. „Zu Hause", antwortete Ruben ernst. Dann hielt er den Kristall hoch und sagte: „Wenn ich den hier nicht hätte, würde ich glauben, ich hätte das alles geträumt." Er streckte Sophie lächelnd den Kristall und den Blumensamen entgegen und sagte dabei. „Das gehört wohl dir." „Uns", antwortete Sophie, nahm den Kristall mit einem dankbaren Nicken entgegen und hielt ihn fest an sich gedrückt.

„Danke", sagte Dennis mit einem Lächeln auf dem Gesicht. „Danke, dass ihr mich unterstützt habt, obwohl ich falsch gelegen habe. Sophie, ohne dich wären wir verloren gewesen." Leon grinste sie breit an und konnte es sich nicht verkneifen hinzuzufügen: „Obwohl deine mangelnden Kenntnisse in der Zeichensetzung Ruben fast das Leben gekostet hätte!" Sophie knuffte ihn in die Seite.

Alle blickten sich um. So recht konnte es noch immer niemand glauben, dass sie nun wirklich zurückgekehrt waren, dass der Nebel sie zurückgebracht hatte. Zurück in den Wald ihres Heimatorts. Zurück in ihre Realität.

„Dann … war es das jetzt? Es ist einfach so vorbei?", fragte Sophie. „Ja", antwortete Ruben, „jetzt gehen wir nach Hause." „Wie? Einfach so?" Sophie runzelte die Stirn und grübelte: „Aber was sagen wir denn, wo wir gewesen sind?" Dennis atmete tief ein und sagte: „Mit der Wahrheit habe ich da echt schlechte Erfahrungen gemacht. Besser wir einigen uns auf eine … glaubhaftere Variante!"

„Irgendwas mit Entführern!", warf Leon spontan ein. „Und mit einer Höhle. Das erklärt, warum unsere Klamotten so aussehen." Dabei blickte er an sich herunter. „Abgefahrene Idee", pflichtete Ruben ihm bei und fuhr dann grinsend fort, „aber wie sind wir denn am Ende den Entführern entkommen? Hast du uns vielleicht alle gerettet als strahlender Held?" Sophie hob den Kopf und antwortete stolz: „Da können wir ja nah an der Wahrheit bleiben: Ich habe euch gerettet, weil nur ich durch einen schmalen Spalt in der Höhle klettern konnte." „Hättest du wohl gern!", grinste Ruben breit.

Leon dachte kurz nach: „Leute, ich hab's!", verkündete er. „Also passt auf: Wir haben Wilderer bei der Wilderei im Wald ertappt. Das ist ja verboten. Die Wilderer hatten Angst, dass wir sie verraten. Darum wurden wir von ihnen entführt.
Dann wurden wir von ihnen …

....

....

....

....

....

....

6. Schreibe Leons Geschichte fertig. Nutze dabei mindestens zwei Passivformen aus der unteren Tabelle in M29b. Beim Ende musst du dich nicht an Sophies Vorschlag halten, kannst ihn aber aufgreifen, wenn du möchtest.
→ M29b 🖉

„Das klingt auch nicht sonderlich glaubwürdig", warf Ruben ein.
„Aber immer noch besser als die Geschichte von der dunklen Welt
jenseits des Tors mit leuchtenden Pflanzen und magischen Ritua-
len", entgegnete Dennis mit einem schiefen Grinsen. „Okay. Klingt
durchaus überzeugender", musste Ruben ihm beipflichten.

„Schade.", murmelte Sophie. „Zwar ist unsere echte Geschichte
nicht glaubwürdig, dafür umso spannender. Nur erzählen dürfen
wir sie nicht. Aber wenigstens kennen wir die Wahrheit und können
sie wie einen Schatz in unserem Herzen mit uns herumtragen."
Leon verdrehte die Augen und sagte: „Sehr romantisch, Sophie. Ein
echter Schatz wäre mir lieber gewesen …"

„Den haben wir auch", entgegnete sie und hielt den leuchtenden
Kristall in die Höhe. Leon spürte die magische Kraft, die von ihm
ausging. „Es ist ein Geschenk aus der anderen Welt, eine Beloh-
nung! Ich weiß, was er bewirken kann", erklärte sie.

„Er kann ....

....

....

....

....

....

....

....

....

....

10

....

7. *Denk dir aus, welche magischen Kräfte der Kristall hat, und schreib es auf. Zur Feier des Romanendes, lieber Co-Autor bzw. liebe Co-Autorin, musst du dafür vorher nicht einmal ein Material im Anhang bearbeiten.*

Die anderen nickten sich gegenseitig zu. „Na, dann hat sich die Reise doch gelohnt", sagte Ruben. Leon pflichtete ihm bei: „Genau, echt wie bei diesem Amaldanus-Adventure, weißt du noch? Da gab es am Ende doch auch dieses magische Artefakt …"

Sophie verdrehte die Augen. „Na super, nix als Zocken im Kopf."

„Willkommen zurück in der Realität", grinste Dennis.

15

ENDE

Herzlichen Glückwunsch! Du hast nun die Geschichte DEINES Romans fertig geschrieben. Du kannst stolz auf dich und dein Ergebnis sein! Als Co-Autor musst du nun nur noch deine Autorenbeschreibung hinten im Buch ausfüllen, damit auch jeder weiß, wer diese Geschichte mitgeschrieben hat.

Materialien

M0a) So schreibst du den Roman weiter

1. Vorbereitende Übungen

Bearbeite vor den Schreibaufgaben die vorbereitenden Übungen im Anhang des Buches oder lies dir dort einen Merkkasten durch.

2. Überprüfung der Übungen

Siehst du neben der Aufgabe ein Schlüsselsymbol 🗝, kannst du deine Lösungen zu den vorbereitenden Übungen mit Musterlösungen vergleichen. Hier findest du die Lösungen: www.klett-sprachen.de/zeichen-loesungen

3. Schreibideen sammeln

Überlege dir, welchen Inhalt dein kreativer Text haben soll, und welche Wörter du verwenden willst. Nutze bei dieser Vorarbeit die Kästchen auf dem Konzept-papier unter „Schritt 3". Eine Vorlage dazu findest du auf der nächsten Seite.

4. Ersten Entwurf schreiben

Schreibe auch deinen Textentwurf zunächst auf das Konzeptpapier. Achte immer darauf, in der Er-/Sie-Form zu schreiben und die richtige Zeitform (Präteritum/bei Vorzeitigkeit Plusquamperfekt) zu verwenden.

5. Korrektur des Entwurfs

Lasse diesen Text korrigieren (zum Beispiel von einem Lehrer). Zusätzlich gibt es bei manchen Schreibaufgaben Checklisten oder Rückmeldebögen, mit deren Hilfe du dir ein Feedback von Lernpartnern einholen oder deinen Text selbst überprüfen kannst.

6. Umgang mit Fehlern

Fehler notierst du auf den Karteikarten der Übungskartei. So kannst du später besser an ihnen arbeiten (siehe S. 110).

7. Dein fertiger Romantext

Die korrigierte Version des Textes schreibst du dann in dein Buch.
Tipp: Benutze dabei am besten einen schwarzen Fineliner, damit dein Text sich gut in den Roman einfügt.

Kopiervorlage

Konzeptpapier für den Text zur Leerstelle auf S............ von ....

Schritt 1: Vorbereitende Übungen
Schritt 2: Überprüfung der Übungen
Schritt 3: Schreibideen sammeln

Vorgaben und Ideen zum Inhalt:	Vorgaben und Ideen für Wörter, die zu verwenden sind:
....	
....	....
....	....
....	....
....	

Schritt 4: Ersten Entwurf schreiben
(Denk an das Präteritum und die Sie- / Er-Form)

....

....

....

....

....

....

....

....

Schritt 5: Korrektur des Entwurfs
Schritt 6: Umgang mit Fehlern: Diese Wörter musst du in deine Übungskartei
übernehmen.

Rechtschreibfehler   falsche Bedeutung

Schritt 7: Dein fertiger Romantext

M0b) Umgang mit der Übungskartei

Die Übungskartei hilft dir, deine individuellen Fehler zu verbessern.

Warum braucht man eine Übungskartei?

Damit du dir die richtige Schreibweise und die richtige Bedeutung eines Wortes langfristig merken kannst, musst du es häufig und mit einigem zeitlichen Abstand wiederholen, bis es in deinem Langzeitgedächtnis gespeichert ist.

Was musst du kaufen / basteln?

Du benötigst einen kleinen Karteikasten mit drei oder besser vier Fächern und leere Karteikarten in der passenden Größe in zwei verschiedenen Farben (am besten weiße und farbige). Hat dein Karteikasten ein viertes Fach, kannst du dieses nutzen, um leere Karten darin aufzubewahren, denn für die Übungen selbst brauchst du nur drei Fächer.

Einen Karteikasten kannst du auch aus einem Schuhkarton oder einer Teeschachtel basteln. Als Abtrennung für die Fächer klebe einfach Pappe in etwa 3–5 cm Abstand zueinander in den Kasten.

Welche Wörter schreibst du in die Übungskartei?

An zwei Schwerpunkten kannst du mit der Übungskartei arbeiten: 1) falsch geschriebene Wörter und 2) unbekannte und neue Wörter. In die Übungskartei übernimmst du natürlich die korrigierte Form deiner Fehler. Um es übersichtlich zu gestalten, solltest du hierfür zwei verschiedene Farben der Karteikarten verwenden:

1. Ein Wort, das du in den freien Texten und den Diktaten **falsch geschrieben** hast, übernimmst du in der richtigen Schreibweise in die Kartei, indem du es auf die Vorderseite einer weißen Karte schreibst und diese ins erste Fach einsortierst. Hast du beispielsweise das Wort „nämlich" falsch geschrieben, muss deine Karte so aussehen:

Hast du ein **Verb** oder **Adjektiv** falsch geschrieben, dann schreibst du bei Verben den Infinitiv dazu, bei Adjektiven den Nominativ Singular. Ebenso ergänzt du bei **Nomen** im Plural die Form im Singular. Ein Rechtschreibwörterbuch (z. B. Duden) hilft dir, die richtige Form zu finden.

Hast du beispielsweise „er fiel" und „kleinen" falsch geschrieben, sehen deine Karten so aus:

2. Ein Wort im Text, das dir **unbekannt** ist oder das du neu kennenlernst, übernimmst du mit einer Erklärung in die Kartei. Schau für die Erklärung des Wortes in einem Wörterbuch (z. B. Duden) nach.
Hier benötigst du nun beide Seiten der farbigen Karteikarten. Auf die Vorderseite schreibst du das dir unbekannte Wort. Auf die Rückseite schreibst du die Erklärung.

So übst du mit der Übungskartei
Die Karteikarten kommen zunächst ins erste Fach des Kastens. In regelmäßigen Abständen (mindestens einen Tag Abstand) nimmst du dir die Kartei und übst so:

1. Bei **Rechtschreibfehlern** lässt du dir die Wörter diktieren (z. B. von deinem Sitznachbarn oder deinen Eltern) oder machst mit ihnen ein Laufdiktat und schreibst sie richtig auf. Mit Hilfe der Karten kannst du dann prüfen, ob du alle Wörter richtig aufgeschrieben hast.
2. Bei **neuen Wörtern** schaust du dir die Vorderseite an oder lässt sie dir vorlesen und überlegst, wie die Erklärung dazu ist. Schau dann auf der Rückseite nach, ob es stimmt.

Ist dein Ergebnis **richtig**, so wandert die Karte um ein Fach nach hinten. Ist die Karte bereits im dritten Fach angelangt und das Ergebnis bei der Abfrage ist richtig, darfst du die Karte entfernen, denn nun ist die richtige Schreibweise bzw. die richtige Bedeutung in deinem Langzeitgedächtnis verankert.

Ist dein Ergebnis **falsch**, rutscht diese Karte wieder ganz nach vorne ins erste Fach und du beginnst mit dem Lernen wieder von vorne.

1. *Verbinde jeweils die Wörter links mit den rechts stehenden Bedeutungen.*

das Grollen	schwächer / farblos werden
die Tentakel	auf der anderen Seite liegend
die Ranke	lautes, donnerndes Geräusch
gewölbt	Fangarm
die Furche	geschwungen / bogenförmig
der Dunst	langer Teil bestimmter Pflanzen
jenseits	Vertiefung
verblassen	neblige / wolkige Luft

2. *Korrigiere deine Lösung mithilfe der Musterlösung.*

3. *Übertrage alle Wörter, bei denen du unsicher warst oder die du falsch zugeordnet hast, auf je eine farbige Karteikarte. Schreibe die zugehörige Bedeutung auf deren Rückseite.*

M2a Verben der schnellen Bewegung

1. Unterstreiche im Wortspeicher alle Verben der schnellen Bewegung, die du genau kennst.

> schießen • brausen • schnellen • schleudern • wirbeln •
> rasen • fahren • sausen • flitzen • jagen • fetzen • gleiten •
> fliegen • schwingen • schmettern • donnern

2. Schreibe alle nicht unterstrichenen Wörter auf die Vorderseite einer farbigen Karteikarte.

3. Schreibe die Bedeutung der Wörter auf die Rückseite der Karten. Die Bedeutung erfährst du zum Beispiel durch Nachschlagen in einem Wörterbuch. Zwar sind viele Erklärungen hier sehr ähnlich (sich schnell / schwungvoll bewegen), aber durch das Üben mit deiner Übungskartei erweitert sich dein Wortschatz, den du für abwechslungsreiches Schreiben brauchst.

4. Übe mit der Übungskartei wie in M0b beschrieben.

Bildung des Präteritums bei starken und schwachen Verben

Um die Wörter, die du nun alle kennst, in den Roman einzufügen, musst du sie ins Präteritum setzen. Das geht so:

Präteritum bei starken und schwachen Verben

Man unterscheidet zwischen starken und schwachen Verben. Welche jeweils zu welcher Sorte gehören, musst du auswendig lernen.

starke Verben: Verbstamm mit verändertem Stammvokal + Personalendung im Präteritum
Ausnahme: bei der ersten und dritten Person Singular entfällt die Endung.
schieß-en → es schoss → sie schoss-en

schwache Verben: Verbstamm + t + Personalendung im Präteritum
braus-en → es braus-te → sie braus-ten

---

1. *Fülle die Tabelle aus.*

Infinitiv	Präteritum 3. Person Singular	Präteritum 3. Person Plural
schießen	er / sie / es schoss	sie schossen
brausen	er / sie / es brauste	sie brausten
schnellen	er / sie / es schnellte	sie schnellten
schleudern	er / sie / es	sie
wirbeln		
rasen		
fahren		
sausen		
flitzen		
jagen		
fetzen		
gleiten		
fliegen		
schwingen		
schmettern		
donnern		

Tipp: *In der linken Spalte sind die starken Verben farbig unterlegt.*

Diese Tipps helfen dir, längere Texte gut zu verstehen:

- Lies den betreffenden Teil des Textes zunächst einmal komplett.
- Verschaffe dir dann einen Überblick über den Text:
- Suche die Textstellen, die dir bei der Bearbeitung der Aufgabe helfen, z.B. in der ersten Zeichenaufgabe: Wo erfährst du etwas über den See, den Strand und den Wald? Wo erfährst du etwas über die Lichtverhältnisse dort?
- Schlage alle Wörter, die du nicht kennst, in einem Wörterbuch nach. Übernimm sie auch in deine Übungskartei!
- Überprüfe, ob du nun den Inhalt aller wichtigen Absätze genau verstehst.
- Ist dies nicht der Fall, liest du diesen Absatz noch einmal.
- Notiere dir zur Orientierung am Rand jedes Absatzes eine kurze zusammenfassende Überschrift.
- Unterstreiche die wichtigen Informationen, die du für die Bearbeitung der Aufgabe benötigst.

M4 **Checkliste Zeichnung „Kampf zwischen den Pflanzenwesen und dem Lichtwesen"**

1. *Überprüfe die Zeichnung selbst oder lasse sie von einem Lernpartner bewerten. Wurde alles richtig umgesetzt?*

Inhalt:

Himmel
- [ ] riesiger Mond   [ ] einzelne Blitze   [ ] Dunkelheit / Leere / Finsternis

Erde
- [ ] Wolken von Staub darüber
- [ ] aufgerissen, wo Ranken aus dem Boden schießen

Ranken
- [ ] grün   [ ] meterlang   [ ] armdick   [ ] schlagen nach Licht am Himmel

Blätter der Ranken
- [ ] gewölbt   [ ] messerscharfe Dornen am Rand
- [ ] riesig   [ ] im Inneren der gewölbten Blätter kocht grün-lilafarbener Nebel

Luft zwischen den Wesen
- [ ] Steine / Erdbrocken fliegen umher
- [ ] Feuerbälle aus grün-lila Nebel fliegen auf das Licht zu

Lichtwesen
- [ ] hell / strahlend
- [ ] schwebt am Himmel
- [ ] wird durch schimmernde Hülle geschützt

weitere Rückmeldungen:

Das hat mir besonders gefallen:
Das kannst du noch besser gestalten:

Adjektive beschreiben, wie etwas beschaffen ist (das *kleine* Auto) oder in welcher Beziehung Dinge zueinander stehen (das Auto ist *kleiner* als das andere). Adjektive kannst du steigern (klein – kleiner – am kleinsten).

1. *Schreibe alle Wörter aus dem Wortspeicher, die du nicht kennst, auf die Vorderseite einer farbigen Karteikarte.*

2. *Schlage diese Wörter in einem Wörterbuch nach oder lasse sie dir erklären. Schreibe die richtige Bedeutung auf die Rückseite der Karte und sortiere sie in das erste Fach deines Karteikastens ein.*

3. *Übe mit der Übungskartei nach der Anleitung in M0b.*

> glücklich • schnell • toll • grell • lecker • dunkel • gefährlich •
> tief • schrecklich • witzig • nett • faul • dünn • sportlich •
> riesig • schaurig • ängstlich • dramatisch • hell • heiß • kalt •
> sauer • zackig • kurz • kräftig • ruhig • unruhig • fest •
> sicher • unsicher • mühsam • zäh • fahl • krumm •
> laut • leise • ehrlich • weiß • schwarz • grün • lila •
> blass • bleich • giftig • hart • gewaltig • groß • schuppig •
> glatt • spitz • rund • struppig • massiv • rüsselartig •
> muskulös • haarig • gelblich • blutig

4. *Kreise im Wortspeicher drei Wörter ein, die zu deiner ersten Schreibaufgabe im Prolog passen.*

5. *Nimm dein Konzeptpapier (Vorlage in M0a). Übertrage diese Wörter in das Kästchen mit der Überschrift „Vorgaben und Ideen für die Wörter, die zu verwenden sind" (oben rechts auf dem Konzeptpapier).*

6. *Schreibe bei „Schritt 4" auf deinem Konzeptpapier den Teil des Romans auf, in dem der Aufprall beschrieben wird.*

7. *Gib deinen Entwurf jemandem, der ihn korrigiert.*

8. *Übertrage deine Fehler, die du unten auf dem Konzeptpapier findest, auf entsprechende Karteikarten.*

9. *Blättere zurück auf S. 14 und S. 15 im Romanteil und befolge die Aufgabe.*

Bei Reihungen steht ein Komma zwischen den einzelnen Teilen:

Bsp: Es gab dort nur Finsternis, staubigen Boden, gefährliche Pflanzen. Es gab keine Sonne, keinen Regenbogen, keine zwitschernden Vögel.

Kein Komma steht aber bei Reihungen, wenn die einzelnen Teile durch „und" / „oder" / „entweder … oder" verbunden sind.

Bsp: Der Nebel in den Blättern leuchtete grün und lila. Die Pflanzen schossen die Feuerkugeln ab und schlugen nach dem Licht am Himmel. Entweder sie trafen das Licht oder die Feuerkugeln prallten am Schutzschirm ab.

1. Füge die fehlenden Kommas im folgenden Text ein.

Ein Jahr zuvor in der dunklen Welt

To duckte sich hinter einen Busch und beobachtete den Jungen. Er war plötzlich aufgetaucht war umhergelaufen und in den grünen Nebel geraten. Der grüne Nebel umgab den Jungen und es gab kaum ein Entkommen. To wusste: Entweder er half dem Jungen oder der Junge war verloren.

To blickte konzentriert auf das Geschehen. Er erfasste den Weg des Jungen die Bewegungen des Nebels und Hindernisse. Blitzschnell sprang To auf. Er schwang sich über den Busch wich einer Nebelsäule aus eilte zu dem fremden Jungen packte ihn am Arm und zog ihn mit sich. Da schoss plötzlich etwas aus dem Boden hervor. Sollte er nach rechts oder nach links ausweichen? Er traf die richtige Entscheidung und gemeinsam entkamen sie der Gefahr.

1. Überprüfe die Zeichnung selbst oder lasse sie von einem Lernpartner bewerten. Wurde alles richtig umgesetzt?

Inhalt:

Himmel

☐ riesiger, heller Mond   ☐ grau-silberne Streifen am Horizont
☐ einzelne Blitze   ☐ Dunkelheit / Leere / Finsternis

Zeichen

☐ Zeichen direkt vor Dennis in Stein gehauen
☐ wie eine Sonne (Kreis mit 13 Rillen als Strahlen)
☐ Größe: mittlerer Kreis groß wie Handfläche, Rillen fingerlang
☐ eine Rille gefüllt von sich ausbreitender schwarzer Masse

weitere Rückmeldungen:

Das hat mir besonders gefallen:
Das kannst du noch besser gestalten:

M8   Schwierige Wörter aus Kapitel 2 und 3

1. Verbinde jeweils die Wörter links mit den rechts stehenden Bedeutungen.

die Verwesung	befreiend
organisch	unvermeidlich
erlösend	krumm und mit vielen Ästen und Verdickungen
laminiert	gehört zum belebten Teil der Natur (Tiere, Menschen, Pflanzen)
inklusive	einschließlich
unweigerlich	Maßnahmen, um sich auf etwas vorzubereiten
knorrig	in Folie eingeschweißt
die Vorkehrung	Zersetzung / Auflösung

2. Korrigiere deine Lösung, indem du sie mit der Musterlösung vergleichst.

3. Übertrage alle Wörter, bei denen du unsicher warst oder die du falsch zugeordnet hast, auf je eine farbige Karteikarte. Schreibe die zugehörige Bedeutung auf deren Rückseite.

1. *Betrachte den Unterschied zwischen diesen zwei Schriftproben. Kreuze in der unteren Tabelle jeweils an, auf welche Schrift die Aussage eher zutrifft.*

a) Lieber Dennis! Vielen Dank ~~vür~~ für das Geschenk ...

b) Lieber Dennis! Vielen Dank für das Geschenk...

Aussagen:	a	b
Der Verfasser hatte es beim Schreiben eilig.	☐	☐
Der Inhalt des Briefs ist dem Verfasser sehr wichtig.	☐	☐
Der Leser fühlt sich beim Lesen wertgeschätzt.	☐	☐
Der Verfasser war während des Schreibens verzweifelt.	☐	☐
Der Verfasser ist ein cooler Typ.	☐	☐
Der Verfasser hat sich im Vorhinein viele Gedanken gemacht.	☐	☐

Info: Wie du siehst, vermittelt in einem Brief nicht nur der Inhalt die Informationen an die Leserin oder den Leser, sondern auch die Schrift, denn sie sagt etwas über die Verfasserin bzw. den Verfasser und deren / dessen Gefühle aus. All das geht verloren, wenn man am Computer oder am Handy tippt. Mit der Hand geschriebene Briefe sind daher persönlicher und unmittelbarer als Textnachrichten. Bei diesen muss man sich mit Emojis behelfen, um Gefühle auszudrücken.

1. Lies die Anleitung zum Verfassen eines Briefes

Hannover, den 4. 5. 2019	Ort und Datum (mit *den* eingeleitet) Komma zwischen Orts- und Zeitangabe nicht vergessen
Lieber Dennis!	Anrede mit Ausrufezeichen oder Komma (danach Groß- bzw. Kleinschreibung beachten!)
*Vielen Dank für das Geschenk, das **du** mir geschickt hast, **deine** Idee war echt super. Ich hoffe, es geht **dir** einigermaßen gut. Heute feiere ich meinen Geburtstag mit den Leuten aus meiner Klasse. Wir gehen bowlen. Ich habe gar keinen Bock darauf.*	In der Regel schreibst du die Anredepronomen im Gegensatz zu offiziellen Briefen hier klein
	Brieftext: Beachte gleich bleibende Personalform und Tempus
Ich hoffe, dass wir uns bald mal wiedersehen.	Schlusssatz: Wende dich direkt an den Empfänger des Briefs
Viele Grüße	Grußwort (z. B. Tschüss, Liebe Grüße, Alles Liebe, Tausend Küsse)
dein Tobias	Unterschrift

Ort mit Komma vom Datum abgetrennt ☐

Datum mit „den" eingeleitet ☐

Anrede passend formuliert ☐

Textanfang wird entsprechend des Kommas oder Ausrufezeichens klein- bzw. großgeschrieben ☐

Anredepronomen kleingeschrieben ☐

Personalform richtig verwendet ☐

Tempus richtig verwendet ☐

Schlusssatz mit Ansprache des Empfängers ☐

Grußwort passend eingesetzt ☐

Unterschrift richtig geschrieben ☐

Ideenspeicher, was Dennis einpacken könnte

1. *Wähle maximal 3 große und 7 kleine Gegenstände aus, die Dennis im Rucksack mitnimmt. Kreise sie ein.*

---

groß:

Schlafsack • 5 Konservendosen mit Suppe • Kopfkissen •

Grillrost • Petroleumlampe • 2 Wasserflaschen •

erste Hilfe Box mit Verbandszeug • 2 Hosen • 5 Shirts •

2 warme Pullis • Gummistiefel • Fahrradhelm • Topf •

Fackel • Eimer • Strandmuschel • Axt • Säge

---

klein:

Taschenlampe • Streichhölzer • Dosenöffner • Taschenmesser •

Salamisticks • Seil • Abenteuerroman • Karabinerhaken •

Wäscheklammern • Feuerzeug • Kekse • Müsliriegel • Stift •

Gemüsesamen • Löffel • Angelhaken • Schnur • Unterwäsche •

Socken • Kompass • Pfeife • (Rohölflasche)

M13 **Checkliste Zeichnung „Dennis' Blick in sein Zimmer"**

1. Überprüfe die Zeichnung selbst oder lasse sie von einem Lernpartner bewerten.
   Wurde alles richtig umgesetzt?

Inhalt:

Bett
- [ ] Im Zimmer steht ein Bett.
- [ ] Darauf liegt blaue Bettwäsche.
- [ ] An der Wand neben dem Bett befindet sich eine Leselampe.

Chaos im Zimmer
- [ ] Kopfhörer liegen auf dem Fußboden.
- [ ] Es befindet sich ein Kleiderschrank im Zimmer.
- [ ] Die Türen des Kleiderschranks stehen offen.

Schreibtisch
- [ ] Im Zimmer steht ein Schreibtisch.
- [ ] Auf dem Schreibtisch steht ein Notebook.
- [ ] Unterhalb der Tischplatte befindet sich eine Schublade.
- [ ] Vor dem Tisch steht ein schwarzer Drehstuhl.

Leseecke
- [ ] Im Zimmer befindet sich ein Sitzsack.
- [ ] Der Sitzsack ist schwarz.
- [ ] Der Sitzsack ist in der Ecke des Zimmers.
- [ ] Daneben befindet sich ein kleines Regal.
- [ ] In diesem Regal befinden sich Bücher.

weitere Rückmeldungen:

Das hat mir besonders gefallen:
Das kannst du noch besser gestalten:

1. *Verbinde jeweils die Wörter links mit den rechts stehenden Bedeutungen.*

hektisch	schwer zu durchdringende, dicht wachsende Sträucher
der Strudel	bewegungsunfähig machen
vibrieren	unruhig, nervös, hastig
das Gestrüpp	schnelle Drehbewegung von Wasser
der Funke	schwingen / zittern
nicht geheuer	besonders kräftig
intensiv	glühendes, durch die Luft fliegendes Stückchen
lähmen	furchteinflößend

2. *Korrigiere deine Lösung, indem du sie mit der Musterlösung vergleichst.*

3. *Übertrage alle Wörter, bei denen du unsicher warst oder die du falsch zugeordnet hast, auf je eine farbige Karteikarte. Schreibe die zugehörige Bedeutung auf deren Rückseite.*

⇒ M15   Genau beschreiben

Anhand der folgenden Aufgaben sollst du dein Monster ganz genau beschreiben. Achte darauf, dass du alle Details berücksichtigst., z.B. das Fell/die Haut, die Augen, den Körperbau usw.

1. *Sammle zunächst Adjektive, mit denen du die einzelnen Merkmale des Monsters beschreiben kannst. Eine Erklärung zu Adjektiven und ein passender Wortspeicher finden sich in M6.*

Körperbau: (z.B. gewaltig, riesig) ....

Haut/Fell: (z.B. zerzaust, borstig)...

Kopfform: (z.B. oval, rund) ....

Augen: ....

Nase: ....

....

....

2. *Verfasse nun auf einem Konzeptpapier den Teil des Romans, in dem das Monster beschrieben wird. Dafür musst du wie immer auch die richtige Tempusform beachten!*

3. *Tausche dann die Beschreibung auf deinem Konzeptpapier mit einem Lernpartner, der das Bild vorher nicht gesehen hat! Anhand deiner genauen Beschreibung malt dein Partner nun ein Bild des beschriebenen Monsters auf dein Konzeptpapier. Ist deine Beschreibung detailliert genug, dann wird das nachgemalte Bild genauso aussehen wie das Original.*

4. *Wenn du durch diese Übung merkst, dass deine Beschreibung noch nicht genau genug ist, überarbeite diese. Füge alle fehlenden Aspekte ein und verbessere ungenaue Beschreibungen.*

5. *Gehe nach dem Muster in M0a vor und schreibe die endgültige Fassung in den Romantext.*

Verben mit Präfix:
trennbare und nicht trennbare Verben

Ein Präfix ist eine **Vorsilbe**.

Nicht trennbare Verben:

Es gibt Vorsilben, die man nicht vom Verb abtrennen kann wie: **be-, ent-, er-, ge-, ver-, zer-**
Das bedeutet, dass z. B. die Vorsilbe „zer-" im Wort „zerbrechen" nie im Satz vom Rest des Wortes abgetrennt wird: Dennis' Traum *zerbricht*.

Trennbare Verben:

Es gibt auch vom Verb trennbare Vorsilben wie **ab-, an-, auf-, ein-, her-, herauf-, herein-, hin-, hinüber-, los-, mit-, zu-, zurück-**
Das bedeutet, dass z. B. die Vorsilbe „los-" im Wort „loslaufen" oft im Satz vom Rest des Wortes abgetrennt wird: Dennis *läuft* jetzt *los*.

Nicht trennbare Verben:

beantworten • beeilen • begegnen • behalten • entgehen •
entnehmen • entspannen • entstehen • erfinden • erhalten •
erlauben • erzählen • gefallen • gehören • gelingen •
genehmigen • verachten • verbrauchen • verhalten • verlassen •
verraten • zerbrechen • zerlegen • zerreißen • zerstören

Trennbare Verben:

abhauen • abholen • abmachen • abstellen • abziehen • anbauen •
anfassen • ankommen • annehmen • aufbauen • aufhören •
aufpassen • aufschreiben • aufstehen • einbauen • einladen •
einmischen • einsetzen • einwerfen • herbringen • herholen •
herkommen • herstellen • heraufkommen • heraufsteigen •
heraufziehen • hereinfallen • hereinlassen • hereinlegen •
hereinkommen • hinbringen • hinschauen • hinsetzen • hinwerfen •
hinüberblicken • hinüberbringen • hinüberreichen • hinüberrennen •
losbinden • losgehen • losheulen • losrennen • mitbekommen •
mitgehen • mithelfen • mitziehen • zubereiten • zudrücken •
zulassen • zumuten • zurückbekommen • zurückblicken •
zurückfinden • zurückgeben • zurückgehen

1. *Schreibe alle Wörter aus den Wortspeichern, die du nicht kennst, auf die Vorderseite je einer farbigen Karteikarte.*

2. *Schreibe die Bedeutung des Wortes jeweils auf die Rückseite. Die Bedeutung erfährst du aus einem Wörterbuch, von deinem Lernpartner oder einem Lehrer.*

3. *Da du gerade deine Lernkartei zur Hand hast, übe damit! Eine Anleitung dazu findest du in M0b.*

4. *Schreibe die Sätze mit den jeweils eingesetzten Verben auf die Linien ab.*
   Beachte: *Es sind trennbare und nicht trennbare Verben darunter! Schreibe im Präsens, das ist zunächst leichter.*

1. Ruben (zurückkommen) aus der Schule.

....

2. Er (zerbrechen) sich schon lange nicht mehr den Kopf, [wenn seine Eltern weg sind.]

....

3. Seine Mutter (entschuldigen) sich nicht einmal bei ihm, [wenn sie spät dran ist.]

....

4. Aber darüber (aufregen) er sich auch schon nicht mehr.

....

5. Oft (hinübergehen) dann zu Leon.

....

6. Dort (verbringen) er dann den Nachmittag.

....

7. Hier (erzählen) Ruben dann von seinem Schultag und Leons Mutter (zuhören) ihnen.

....

1. Überprüfe die Zeichnung selbst oder lasse sie von einem Lernpartner bewerten.
Wurde alles richtig umgesetzt?

Inhalt:

das Bauwerk selbst
- [ ] aus Steinen erbaut
- [ ] Moos wächst in den Rillen
- [ ] Efeu rankt sich rechts des Durchgangs in die Höhe
- [ ] je eine brennende Fackel an den Seiten neben dem Durchgang
- [ ] Mauern sind gerade bis auf eine halbrunde Wölbung über dem Durchgang
- [ ] Bauwerk insgesamt etwa sechs Meter breit

Durchgang
- [ ] rosafarbene Lichter
- [ ] lilafarbene und rote Funken

direkte Umgebung
- [ ] hinter der Mauer ist kein Bauwerk
- [ ] neben der Mauer steht eine Buche, deren Äste wie Finger in den Himmel ragen
- [ ] auf der Mauer sitzt eine Krähe

weitere Umgebung / Stimmung
- [ ] Wald
- [ ] Dunkelheit / Nacht
- [ ] unheimlich

weitere Rückmeldungen:

Das hat mir besonders gefallen:
Das kannst du noch besser gestalten:

M18 Schwierige Wörter aus Kapitel 6 und 7

1. *Verbinde jeweils die Wörter links mit den rechts stehenden Bedeutungen.*

die Panik	Linie, an der sich Himmel und Erde scheinbar berühren
das Manöver	übermächtige Angst, die einen beherrscht
der Schwaden	festgelegte Handlung, die etwas Übersinnliches bewirken
der Impuls	besonders geschmückter Eingang
das Portal	Anreiz / Anregung / Anstoß
der Horizont	Darstellung einer Handlung nur mit Gesichtsausdruck
das Ritual	wie eine Wolke zusammengeballter Nebel / Rauch soll
die Pantomime	geschickte Wendung und Bewegungen

2. *Korrigiere deine Lösung, indem du sie mit der Musterlösung vergleichst.*

3. *Übertrage alle Wörter, bei denen du unsicher warst oder die du falsch zugeordnet hast, auf je eine farbige Karteikarte. Schreibe die zugehörige Bedeutung auf deren Rückseite.*

Der Imperativ ist die Befehlsform des Verbs. Man kann damit eine Aufforderung an eine oder auch mehrere Personen richten:

laufen → lauf! / lauft!

So bildest du ihn:
Singular: Präsensstamm (+e) (man wendet sich an eine Person)

lauf-en → lauf! / laufe!

Bei vielen Verben kannst du das -e am Ende setzen, musst es aber nicht.

Ausnahmen:
- Endet der Verbstamm jedoch auf –d oder –t, muss ein –e gesetzt werden (Beispiel: biet-e).
- Endet der Verbstamm mit einem Konsonanten + -m oder -n, muss das -e gesetzt werden (Beispiel: atm-e), außer dieser Konsonant ist ein m, n, l, r oder h, dann muss das -e nicht gesetzt werden (Beispiel: renn! / renn-e!).

Achtung: Bei einigen starken Verben wandelt sich das -e des Stamms zu -i(e): gib!, hilf!, iss!, lies!, nimm!, sieh!, sprich!, stirb!, vergiss!, wirf!

Plural: entspricht der 2. Person Plural Indikativ Präsens (man wendet sich an mehrere Personen)

laufen → lauft!

1. Ergänze in der folgenden Tabelle zu den Verben, die ihren Stammvokal ändern, jeweils den Infinitiv und den Imperativ Plural.

Infinitiv	Imperativ Singular	Imperativ Plural
geben	gib!	gebt!
	hilf!	
	iss!	
	lies!	
	nimm!	
	sieh!	
	sprich!	
	stirb!	
	vergiss!	
	wirf!	

2. Überprüfe die Ergebnisse in der Tabelle anhand des Lösungsblattes und korrigiere sie.

3. Schreibe alle Singular Imperativformen aus der Tabelle auf die Rückseite je einer farbigen Karteikarte.

4. Schreibe jeweils auf die Vorderseite die Infinitivform dazu und sortiere sie in deinen Karteikasten ein.

5. Übe mit deinem Karteikasten.

Oft bestehen die Indianernamen, die man hierzulande aus Kinderbüchern kennt, aus einem Partizip I und einem Nomen, z. B. schleichender Fuchs.

Das Partizip I

Das Partizip I (auch Partizip Präsens genannt) ist eine Wortform, die du aus einem Verb bildest, die aber oft wie ein Adjektiv verwendet wird.

→ wie ist der Fuchs? schleichend

Bildung des Partizip I: Infintiv + d (+ Endung -e / -en / -er / -es / -em)

---

1. *Bilde aus den vorgegebenen Verben Partizipien und erfinde so Indianernamen.*

Beachte: Hier steht das Partizip im Nominativ, du brauchst also bei der Endung nur darauf zu achten, welchen Genus das Nomen hat (Maskulinum: -er, Femininum: -e, Neutrum: -es)

schleichen:	schleichender	Fuchs
springen:		Reh
tanzen:		Fuchs
kämpfen:		Hirsch
rennen:		Büffel
fliegen:		Adler
schweben:		Wolke
wissen:		Rabe
stehen:		Felsen
wachsen:		Blume

Wenn du vergessen hast, wie das Partizip I gebildet wird, dann sieh dir noch einmal die Übungen M20a an. Bist du nun fit für deine Aufgabe? Dann leg gleich los! Wenn du aber gerne noch ein paar Hilfestellungen haben möchtest, dann bediene dich der Formulierungen im unteren Wortspeicher. Denk aber daran, dass die Partizipien dekliniert werden müssen, wenn du sie in deinem Text einbaust:

z.B. „der rollende Stein" → „Dennis weicht einem rollenden Stein aus"
(Wem weicht Dennis aus? Dativ: einem rollenden Stein)

der bebende Felsen	der herabfallende Felsen
der sich ausbreitende Nebel	der hervorquellende Nebel
der bevorstehende Sprung	der rettende Sprung
der rollende Stein	der wackelnde Stein
der aufbrechende Weg	der aufsteigende Weg
die helfende Hand	das herabhängende Seil

M21 | **Checkliste Zeichnung „Der Lagerplatz am See"**

1. *Erstelle selbst eine Checkliste zu deiner Beschreibung der Höhle von S. 49 und S. 50. Arbeite genau, damit man die Zeichnung mithilfe deiner Checkliste gut kontrollieren kann (z. B. Beleuchtung (Fackeln / Handylampe / Petroleumlampe?) usw.)*

Inhalt:

Im Inneren der Höhle

☐ ....

☐ ....

☐ ....

☐ ....

☐ ....

☐ ....

☐ ....

Vor der Höhle
☐ Felsvorsprung
☐ Feuerstelle

☐ ....

☐ ....

weitere Rückmeldungen:

Das hat mir besonders gefallen:
Das kannst du noch besser gestalten:

M22 Schwierige Wörter aus Kapitel 8 und 9

1. *Verbinde jeweils die Wörter links mit den rechts stehenden Bedeutungen.*

der Schemen	mühsam / anstrengend
die Orientierung	Zustand, in dem man sich wohl und sicher fühlt
die Geborgenheit	willensstark / entschieden
der Windschatten	stark ineinandergeschoben sein
kräftezehrend	Fähigkeit, sich räumlich in seiner Umgebung zurechtzufinden
verkeilt sein	Linie von oben nach unten
energisch	windgeschützter Bereich
senkrecht	nur in schwachen Umrissen zu erkennen

2. *Korrigiere deine Lösung, indem du sie mit der Musterlösung vergleichst.*

3. *Übertrage alle Wörter, bei denen du unsicher warst oder die du falsch zugeordnet hast, auf je eine farbige Karteikarte. Schreibe die zugehörige Bedeutung auf deren Rückseite.*

In M20 hast du das Partizip I kennengelernt.

Auch das Partizip II (auch Partizip Perfekt genannt) ist eine Wortform, die du aus einem Verb bildest. Ebenso kann es wie ein Adjektiv verwendet werden → wie ist der See? zugefroren

Bildung des Partizip II: oft: ge- + Verbstamm + Endung -t / -et / -en

Achtung: Es gibt leider ein paar Ausnahmen von dieser Regel:

– Zum Beispiel ändern viele **starke Verben** (diese kennst du bereits aus M3b) den Stammvokal:

geh-en → ge-**gang**-en

– Bei den **trennbaren Verben** (diese kennst du bereits aus M17) wird **ge-** nicht vorangestellt, sondern zwischen die Vorsilbe und das Verb gestellt:

zufrieren → zu-**ge**-fror-en

1. *Bilde aus den vorgegebenen Verben Partizipien passend zu den vorgegebenen Nomen. Beachte, dass je nach Numerus noch ein -e oder -en angehängt wird.*

zufrieren: die .... *zugefrorene* ....   rosafarbene Lache

öffnen: die ....   Blüte

spalten: der ....   Felsen

herunterfallen: das ....   Geröll

zusammenfalten: die ....   Flügel

hauen: die ....   Zeichen

aushöhlen: die ....   Nische

ausleuchten: der ....   Raum

zusammenrollen: das ....   Blatt

zuschütten: der ....   Eingang

M24a Ermittlung des Kasus

Dennis brachte das Gespräch zurück auf den Weg, den sie noch vor sich hatten. „Hier müssen wir hin", begann er. Dabei nahm er einen Stock. Direkt vor seine Füße zeichnete er damit einen Berg in den Sand.

> Um herauszufinden, in welchem Kasus ein Wort / Satzglied steht, fragst du danach:
>
> Wen oder was bringt Dennis zurück auf den Weg, den sie noch vor sich hatten?
>
> Antwort: das Gespräch
>
> → „das Gespräch" steht also im Akkusativ, denn:
>
> | Wer oder was? | Nominativ |
> |---|---|
> | Wessen? | Genitiv |
> | Wem? | Dativ |
> | Wen oder was? | Akkusativ |

1. Stelle nach dem oberen Muster die Frage, deren Antwort „einen Stock" ist:

....

Antwort: einen Stock

→ „einen Stock" steht also im:

Kreuze an
☐ Nominativ   ☐ Genitiv   ☐ Dativ   ☐ Akkusativ

2. Überprüfe das Satzglied „einen Berg". Kreuze an.

„einen Berg" steht im:
☐ Nominativ
☐ Genitiv
☐ Dativ
☐ Akkusativ

M24b Deklination des bestimmten Artikels

Kasus	Maskulinum	Femininum	Neutrum	Plural
Nominativ	der Baum	die Blume	das Blatt	die Bäume
Genitiv	des Baumes	der Blume	des Blattes	der Blätter
Dativ				
Akkusativ				

1. *Fülle in der Tabelle die Zeilen des Dativs und des Akkusativs aus. Dabei hilft es, sich einen Satz zu überlegen, bei dem „der Baum" / „die Blume" / „das Blatt" / „die Bäume" jeweils im Dativ oder im Akkusativ stehen. Beispielsätze findest du hier:*

Beispielsatz für **Dativ:** „Ich gebe .... Wasser. Wem gebe ich Wasser?"

Beispielsatz für **Akkusativ:** „Ich sehe .... Wen oder was sehe ich?

M24c Deklination des unbestimmten Artikels

Kasus	Maskulinum	Femininum	Neutrum	Plural
Nominativ	ein Baum	eine Blume	ein Blatt	Bäume
Genitiv	eines Baumes	einer Blume	eines Blattes	Blätter
Dativ				
Akkusativ				

2. *Fülle in der Tabelle die Zeilen des Dativs und des Akkusativs aus. Nutze wie in M24b Beispielsätze:*

Beispielsatz für **Dativ:** „Ich gebe .... Wasser. Wem gebe ich Wasser?"

Beispielsatz für **Akkusativ:** „Ich sehe .... Wen oder was sehe ich?

M24d Deklination des Possessivpronomens

Kasus	Maskulinum	Femininum	Neutrum	Plural
Nominativ	sein Baum	seine Blume	sein Blatt	seine Bäume
Genitiv	seines Baumes	seiner Blume	seines Blattes	seiner Blätter
Dativ				
Akkusativ				

Kasus	Maskulinum	Femininum	Neutrum	Plural
Nominativ	ihr Baum	ihre Blume	ihr Blatt	ihre Bäume
Genitiv	ihres Baumes	ihrer Blume	ihres Blattes	ihrer Blätter
Dativ				
Akkusativ				

1. Fülle die Zeilen des Dativs und des Akkusativs aus. Nutze wie oben Beispielsätze.

Beispielsatz für **Dativ**: „Ich gebe .... Wasser.
Wem gebe ich Wasser?"

Beispielsatz für **Akkusativ**: „Ich sehe ....
Wen oder was sehe ich?

Bereich vor Leon	Bereich vor Dennis	Bereich vor Ruben
	Berg (Ziel) ☐	
Wald ☐		
	Sand ☐	Fluss ☐
X (momentaner Standpunkt) ☐		
Lagerplatz am See ☐		Grüner See mit Monster ☐
	Wald ☐	
	Nebelfelder ☐	
	Tor ☐	

1. *Verbinde jeweils die Wörter links mit den rechts stehenden Bedeutungen.*

absurd	oft als Kristall in der Erdkruste vorkommend
diplomatisch	unfähig, einen Entschluss zu treffen
etwas riskieren	miteinander verflochtenes Material / Netzwerk
entrüstet sein	sich trauen, etwas zu tun
das Mineral	empört / verärgert
unschlüssig	wie eine Maschine arbeitend
das Geflecht	taktisch geschickten Weg nehmend, um Ziel zu erreichen
mechanisch	irrsinnig / abwegig

2. *Korrigiere deine Lösung, indem du sie mit der Musterlösung vergleichst.*

3. *Übertrage alle Wörter, bei denen du unsicher warst oder die du falsch zugeordnet hast, auf je eine farbige Karteikarte. Schreibe die zugehörige Bedeutung auf deren Rückseite.*

> Behauptet man etwas nur, dann ist man wenig überzeugend. Dennis und Sophie möchten sich nun jedoch gegenseitig überzeugen. Daher müssen sie ihrer Behauptung auch eine Begründung und ein Beispiel hinzufügen, damit die Argumentation an Überzeugungskraft gewinnt.

1. Unterstreiche am Ende des neunten und am Anfang des zehnten Kapitels alle Informationen, die du über die dunkle Welt erfährst. Arbeite mit verschiedenen Farben, um die Informationen Sophies und Dennis' voneinander zu unterscheiden.

2. Ziehe in der unteren Grafik jeweils beginnend von einer Behauptung einen Strich zur passenden Begründung und führe den Strich dann weiter zum passenden Beispiel / Vergleich.

Tipp: Der Anfang der ersten Argumentationskette ist bereits eingezeichnet.

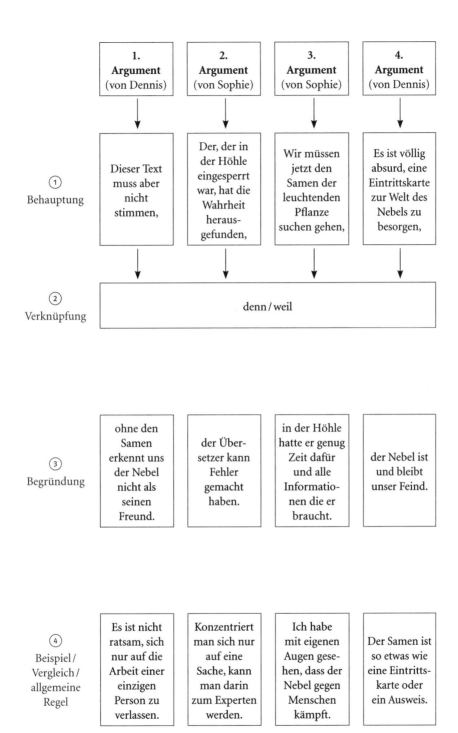

1. **Argument** (von Dennis)	2. **Argument** (von Sophie)	3. **Argument** (von Sophie)	4. **Argument** (von Dennis)

① Behauptung	Dieser Text muss aber nicht stimmen,	Der, der in der Höhle eingesperrt war, hat die Wahrheit herausgefunden,	Wir müssen jetzt den Samen der leuchtenden Pflanze suchen gehen,	Es ist völlig absurd, eine Eintrittskarte zur Welt des Nebels zu besorgen,

② Verknüpfung	denn / weil

③ Begründung	ohne den Samen erkennt uns der Nebel nicht als seinen Freund.	der Übersetzer kann Fehler gemacht haben.	in der Höhle hatte er genug Zeit dafür und alle Informationen die er braucht.	der Nebel ist und bleibt unser Feind.

④ Beispiel / Vergleich / allgemeine Regel	Es ist nicht ratsam, sich nur auf die Arbeit einer einzigen Person zu verlassen.	Konzentriert man sich nur auf eine Sache, kann man darin zum Experten werden.	Ich habe mit eigenen Augen gesehen, dass der Nebel gegen Menschen kämpft.	Der Samen ist so etwas wie eine Eintrittskarte oder ein Ausweis.

3. *Übertrage die Argumentationsketten in den Text am Anfang des 10. Kapitels.*

⟹ M28 Zeichensetzung in der wörtlichen Rede

Redebegleitsätze

Der Redebegleitsatz kann vor, inmitten oder nach der wörtlichen Rede stehen:

a) **vor der wörtlichen Rede:**   Er sagt: „Hau endlich ab!"
b) **inmitten der wörtlichen Rede:** „Hau", sagt er, „endlich ab!"
c) **nach der wörtlichen Rede:**   „Hau endlich ab!", sagt er.

Entsprechend der Stellung des Redebegleitsatzes gibt es unterschiedliche Zeichensetzungsregeln:

a) vor der wörtlichen Rede:
Der Redebegleitsatz wird durch einen Doppelpunkt von der wörtlichen Rede abgetrennt. Die wörtliche Rede wird in Anführungszeichen gesetzt.

b) inmitten der wörtlichen Rede:
Der Redebegleitsatz wird durch Kommas von der wörtlichen Rede abgetrennt. Die einzelnen Teile der wörtlichen Rede werden jeweils in Anführungszeichen gesetzt.

c) nach der wörtlichen Rede:
Der Redebegleitsatz wird durch Kommas von der wörtlichen Rede abgetrennt. Die wörtliche Rede selbst steht in Anführungszeichen. Steht am Ende der wörtlichen Rede ein Punkt, so entfällt dieser. Ein Ausrufe- oder Fragezeichen wird jedoch gesetzt.

---

1. Ordne jeweils zu, ob es sich um Variante a), b) oder c) handelt.

„Kannst du", fragte Leons Mutter, „bitte deine Schwester holen?"   ....

Leon antwortete genervt: „Sie wird schon kommen."   ....

„Ja schon", warf seine Mutter ein, „aber es ist schon spät."   ....

„Na gut", antwortete Leon.   ....

„Komm schon raus, Sophie!", schrie er.   ....

Sophie antwortete: „Bin ja schon unterwegs!"   ....

„Immer muss ich dich suchen", nörgelte Leon.   ....

„Tschuldigung!", murmelte Sophie.   ....

Aktiv und Passiv

Verwendung: Bei den Verbformen unterscheidet man zwischen Aktiv und Passiv.

Beim **Aktivsatz** steht der Handlungsträger im Mittelpunkt:
Dennis schießt den Ball.

Beim **Passivsatz** jedoch steht im Mittelpunkt, was mit jemandem oder etwas geschieht:
Der Ball **wird geschossen**.

---

1. *Kreuze jeweils an, ob es sich um einen Aktiv- oder Passivsatz handelt.*

	Aktiv	Passiv
Die Gestalt schießt auf die Pflanzen.	☐	☐
Eine Pflanze wird getroffen.	☐	☐
Sie wird in die Erde gedrückt.	☐	☐
Die helle Gestalt zieht sich zurück.	☐	☐

Aktiv und Passiv

Bildung: Du bildest das Passiv mit einer Form von „werden" und dem Partizip II, das du bereits aus M23 kennst.
z.B. schießen → wird **ge**schossen

Eine Besonderheit stellen auch hier die trennbaren Verben dar, die du aus M17 kennst:
z.B. festhalten → wird fest**ge**halten

---

2. *Bilde im Text auf S. 148 Passivformen. Um dir die Arbeit zu erleichtern, steht die Form von „werden" bereits im Text. Setze die in Klammern stehenden Verbformen im Partizip II ein.*

Das Tor hat keine Kraft mehr. Alle Macht, die es hatte, hat es in den Kampf gegen die riesigen Pflanzenwesen gelegt. Nun braucht es neue Energie, um den Kampf wieder aufzunehmen. Es muss an die magische Kraft dieser Welt herankommen, doch gelingt es ihm nicht alleine. Nähert es sich den Pflanzenwesen, **wird** es unweigerlich .... (einwickeln) in die langen, gefährlichen Ranken. Daraus gibt es kein Entkommen: man **wird** dort .... (einschnüren) und .... (erdrücken).

Das Tor braucht jemanden, der ihm hilft. In der Welt jenseits dieses Universums, in der Welt, die von den Menschen „Planet Erde" .... (nennen) **wird**, findet es ein Mädchen, das die Macht besitzt, ihm zu helfen: Sarah. Sie **wird** von ihm in die dunkle Welt .... (leiten). Dies ist ihre Geschichte:

Sarah **wird** .... (verfolgen). Sie rennt so schnell sie kann. Vielleicht **wird** sie .... (angreifen), sobald sie von ihrem Verfolger .... (einholen) **wird**. Stolpernd fällt sie durch ein steinernes Tor und **wird** in eine andere, dunkle Welt .... (werfen).

Die Welt ist fremd und düster. Oft träumt sie, sie hole eine leuchtende Koralle vom Grund eines Sees. Der Traum beängstigt sie, denn Sarah fürchtet sich vor tiefem Wasser. Doch der Traum lässt sie nicht los, sie **wird** davon .... (festhalten).

Sarah überwindet sich schließlich und taucht, um das leuchtende Lebewesen vom Grund des Sees zu holen. Am Ufer **wird** die Koralle vorsichtig in ein Tuch .... (einwickeln). Sarah bringt sie zum Tor. Als sie die Koralle in die Nähe des Tors hält, **wird** die Energie der Koralle in das Tor .... (ziehen). Das Leuchten der Koralle verblasst. Im Leuchten steckt die magische Energie dieser Welt.

Die Macht des Tors **wird** dadurch .... (stärken). Es hat nun wieder Energie und kann den Kampf gegen die Pflanzenwesen erneut aufnehmen.

Aktiv und Passiv im Präteritum

Auch im Passiv gibt es verschiedene Tempusformen. Hier erfährst du, wie man das Präteritum bildet. Das Partizip II bleibt gleich, du veränderst nur die Form von „werden": Personalform von „werden" im Präteritum + Partizip II

Präsens: Dennis schießt einen Ball → Der Ball **wird** geschossen.

Präteritum: Dennis schoss einen Ball → Der Ball **wurde** geschossen.

Tipp: Denk an die Besonderheit bei den starken Verben! → M2b

1. *Bilde jeweils die Passivform im Präteritum in der dritten Person Singular und Plural.*

Verb im Infinitiv	3. Pers. Sing. Passiv Präteritum	3. Pers. Plural Passiv Präteritum
bewerfen	er / sie / es wurde beworfen	sie wurden beworfen
beißen	er / sie / es	sie
stoßen		
treten		
vertreiben		
verjagen		

2. *Bilde jeweils die Passivform im Präteritum in der ersten Person Singular und Plural.*

Info: *Die folgenden Wörter brauchst du später im Kapitel 14!*

Verb im Infinitiv	1. Pers. Sing. Passiv Präteritum	1. Pers. Plural Passiv Präteritum
einsperren	ich wurde eingesperrt	wir wurden eingesperrt
beobachten	ich	wir
bringen		
festhalten		
befreien		
fesseln		

M30 **Checkliste Zeichnung „Verteidigung Sophies"**

1. *Erstelle selbst eine Checkliste zu deiner Beschreibung von S. 78 und S. 79 und den übrigen Details des Waldes aus Kapitel 11. Arbeite genau, damit man die Zeichnung mithilfe deiner Checkliste gut kontrollieren kann (Tauchten Bäume oder Felsen in deiner Beschreibung auf? Gab es Gegenstände, die Ruben und Dennis verwendet haben? Wie genau hast du die Tiere beschrieben?)*

Inhalt:

☐ fliegende Lebewesen von S. 76 und S. 77
☐ Rankengeflecht mit tausenden kleiner türkisfarbener Blüten
☐ grünlich-gelb leuchtende Pilze

☐ ....

☐ ....

☐ ....

☐ ....

☐ ....

weitere Rückmeldungen:

Das hat mir besonders gefallen:
Das kannst du noch besser gestalten:

1. *Verbinde jeweils die Wörter links mit den rechts stehenden Bedeutungen.*

inständig	schnell, ungenau / eilig
die Mission	begeistert / fokussiert / von etwas in den Bann gezogen sein
bebend	spöttisch
die Kerbe	der Auftrag / die Aufgabe
hastig	das Brausen / das Dröhnen
das Tosen	zitternd / bangend
gebannt	intensiv / eindringlich
ironisch	der Einschnitt / die Fuge

2. *Korrigiere deine Lösung mithilfe der Musterlösung.*

3. *Übertrage alle Wörter, bei denen du unsicher warst oder die du falsch zugeordnet hast, auf je eine farbige Karteikarte. Schreibe die zugehörige Bedeutung auf deren Rückseite.*

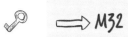
---

d – t, b – p, g – k – ck

Einige Buchstaben bereiten immer wieder Schwierigkeiten, da man sie leicht vom Klang her verwechseln kann. Dazu zählen besonders die Konsonanten:

d – t
b – p
g – k – ck

Diese Methoden können dir helfen, die richtige Schreibweise zu finden:
- Verlängere das Wort (z. B. durch die Bildung des Plurals bei Nomen oder einer Steigerung bei Adjektiven).
- Bilde bei Verben den Infinitiv.
- Suche nach verwandten Wörtern, denn Wörter der gleichen Wortfamilie werden meist gleich geschrieben.

---

1. Finde jeweils ein Wort, das dir einen Hinweis auf die richtige Schreibweise gibt.

Verlängerung durch Pluralbildung bei Nomen:

Käfig	die Käfige
Hand	
Krieg	

Verlängerung durch Steigerung bei Adjektiven:

grob	grober
hart	
feucht	

Bildung des Infinitivs bei Verben:

[der Boden] be**b**t	beben
[Sophie] kla**g**t	
[Leon] sa**g**t	

Suche nach verwandten Wörtern:

Betru**g**	Betrügerei
San**d**	
Köni**g**	

Denke daran, dass es bei Adjektiven → M3, Partizipien → M19 und Nomen typische Endungen gibt, die immer auf die gleiche Weise geschrieben werden z. B. Adjektive: -ig / -haft, Partizipien: -nd, Nomen: -heit / -keit / -ung

2. Ordne die folgenden Adjektive, Partizipien und Nomen jeweils in die Tabelle ein.

klebrig • ~~Besonderheit~~ • grauenhaft • Neuigkeit •
~~rennend~~ • eckig • Verkleidung • lebhaft • suchend •
Verlogenheit • zaghaft • wissend • Entdeckung •
ekelhaftt • forschend • lebendig • Verteidigung • gutmütig •
Dunkelheit • hüpfend • heftig • werfend • Befreiung •
boshaft • schleichend • Verschwendung • gierig •
Zerstörung • Fröhlichkeit • blendend

Adjektiv	Partizip	Nomen
klebrig	rennend	Besonderheit

3. Mache mit den Wörtern ein Laufdiktat / Partnerdiktat (jeder 15 Wörter).

Nachträge zu einem **Bezugswort** in Form einer Nominalphrase, also eines zusammenhängenden Teils eines Satzes ohne ein Verb, nennt man Apposition. Man trennt sie mit einem Komma vom Satz ab.

Das **Bezugswort**, das genauer erklärt wird, kann ein Nomen (z. B. Welt, Ruben) oder eine Nominalphrase (z. B. die fremde Welt) oder ein Pronomen (z. B. ihn) sein.

Beispiel:　　Sie gingen in **die fremde Welt**, eine Welt ohne Sonne.

Im Dorf lebt auch **Ruben**, Leons Freund.

Leon begleitet **ihn**, seinen Freund.

Ist die Apposition im Satz eingeschoben, trennt man sie am Anfang und am Ende der Apposition durch Kommas ab.

Beispiel:　　Sie gingen in **eine fremde Welt**, eine Welt ohne Sonne, und versuchten dort zu überleben.

Ruben, Leons Freund, lebt auch in dem Dorf.

Leon begleitet **ihn**, seinen Freund Ruben, in die fremde Welt.

Appositionen sind freie Angaben. Streicht man sie, bleibt trotzdem ein vollständiger, verständlicher Satz zurück.

Beispiel:　　Sie gingen in eine fremde Welt und versuchten dort zu überleben.

Ruben lebt auch in dem Dorf.

Leon begleitet ihn in die fremde Welt.

1. *Finde die Apposition in Sophies Text und unterstreiche sie.*

2. *Setze das Komma nach der Apposition.*

3. *Setze das Komma in der Aufzählung. →M6*

4. *Setze die Zeichen der wörtlichen Rede. →M28*

5. *Setze die Punkte am Ende der Sätze.*

6. *Verbessere die Groß- und Kleinschreibung am Anfang von Sophies Sätzen.*

7. *Vergleiche dein Ergebnis mit der Musterlösung und korrigiere.*

der Nebel
trage in deinen Händen
einen leuchtenden Kristall,
eine Träne der Mutter Erde
und den Samen
einer leuchtenden Blume
tritt in den Nebel
und sage nichts Böses
der Nebel wird dein
Freund sein

M34 **Checkliste Zeichnung „Aufblühende Landschaft"**

1. *Überprüfe die Zeichnung selbst oder lasse sie von einem Lernpartner bewerten. Wurde alles richtig umgesetzt?*

Inhalt:

Details
☐ Gräser
☐ Ranken
☐ Blüten
☐ Sonne

Gesamteindruck
☐ freundlich / hell
☐ grün / aufblühend

weitere Rückmeldungen:

Das hat mir besonders gefallen:
Das kannst du noch besser gestalten:

Schwierige Wörter in Kapitel 14

1. *Verbinde jeweils die Wörter links mit den rechts stehenden Bedeutungen.*

weichen	unerlaubtes Jagen von Tieren
dämpfen	fehlend, nicht in ausreichender Menge vorhanden
sich etwas verkneifen	sich von etwas entfernen
mangelnd	Kunstwerk / von Menschen bearbeiteter Gegenstand
die Variante	jemandem zustimmen
die Wilderei	abschwächen, abmildern
jemandem beipflichten	auf etwas verzichten
das Artefakt	leicht veränderte Version / Form von etwas

2. *Korrigiere deine Lösung mithilfe der Musterlösung.*

3. *Übertrage alle Wörter, bei denen du unsicher warst oder die du falsch zugeordnet hast, auf je eine farbige Karteikarte. Schreibe die zugehörige Bedeutung auf deren Rückseite.*

Autoren

Ingala Straßer

Die Autorin hat im Rahmen ihres Germanistik- und Politikstudiums selbst eine ganze Weile im Ausland gelebt und studiert. Daher weiß sie, wie schwer es manchmal ist, eigene Gedanken in Sprache zu übertragen, wenn es nicht die Muttersprache ist.

Für Ihre Schülerinnen und Schüler am Gymnasium, an dem sie seit 2005 die Fächer Deutsch und Politik unterrichtet, hat sie die Lernromane der *Lies und schreib mit!*-Reihe geschrieben, um ihnen die Magie der Sprache näherzubringen und sie dabei zu unterstützen, ihre eigenen Gedanken in passende und grammatisch korrekte Worte zu kleiden.

Als Fantasy-Experten standen ihr beim Geschichtenschreiben ihre beiden Kinder und ihr Mann zur Seite, mit denen sie gemeinsam im Rhein-Main-Gebiet lebt und schreibt.

(dein Foto)

.... (dein Name)

....

....

....

....

....

....

....

....

....

....